AF413373

Diego Racconi

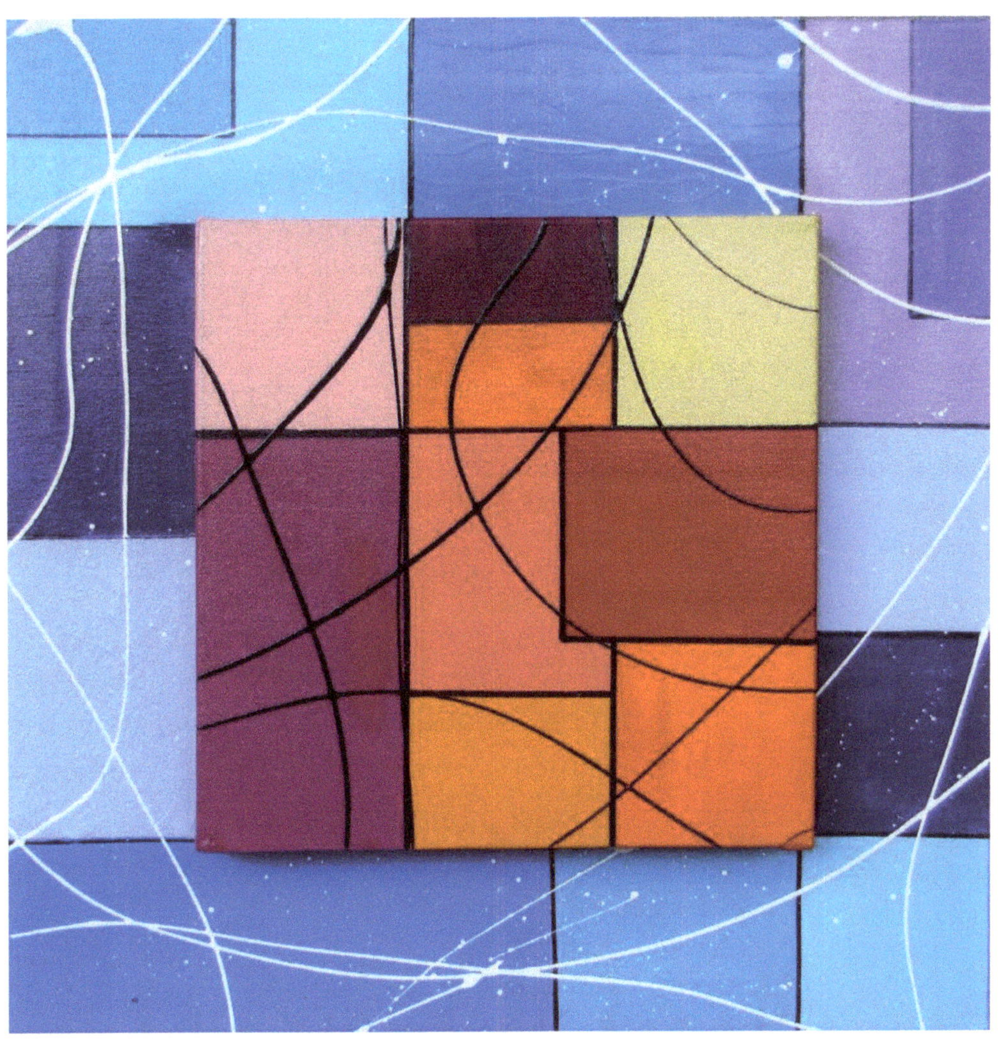

GEOMETRIE ASTRATTE

PARTNER

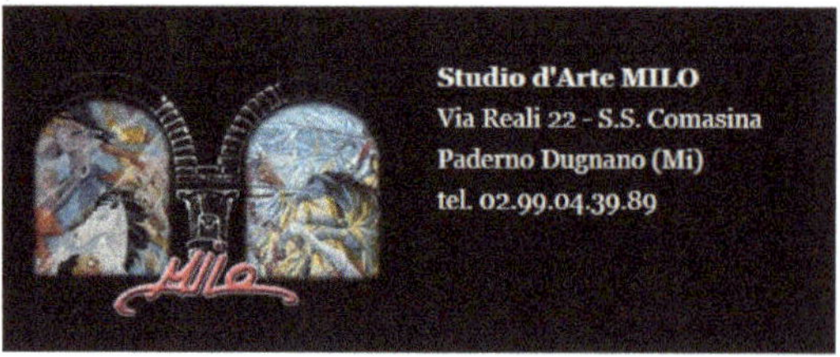

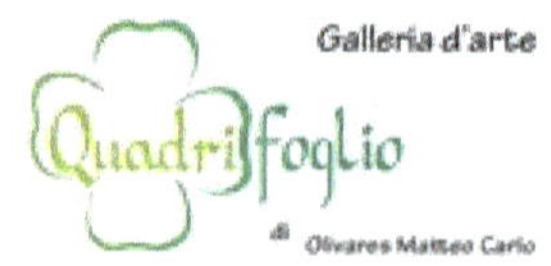

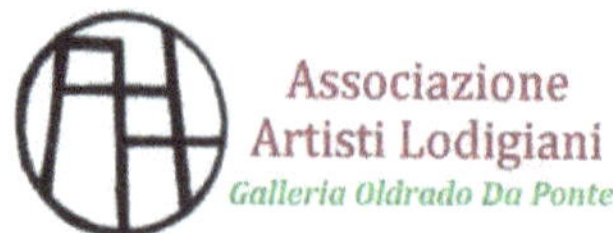

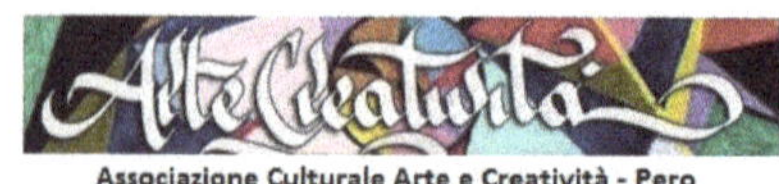

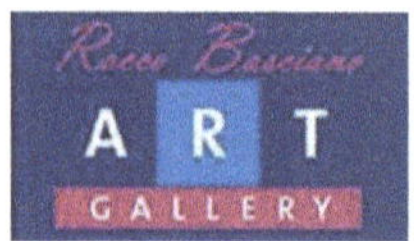

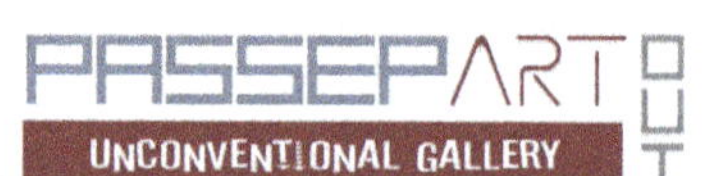

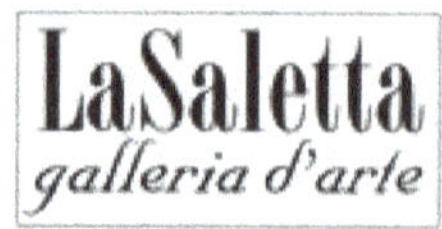

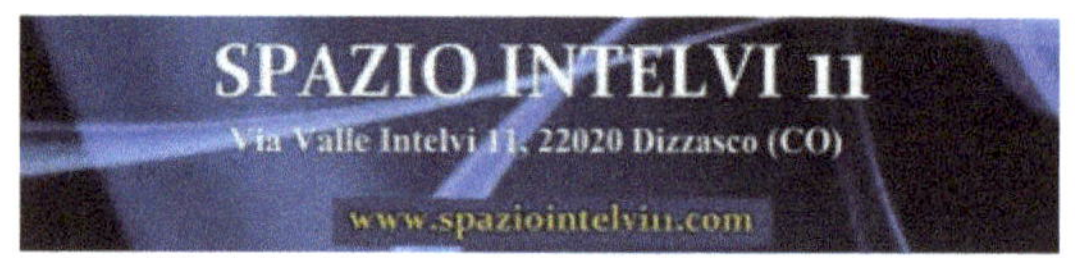

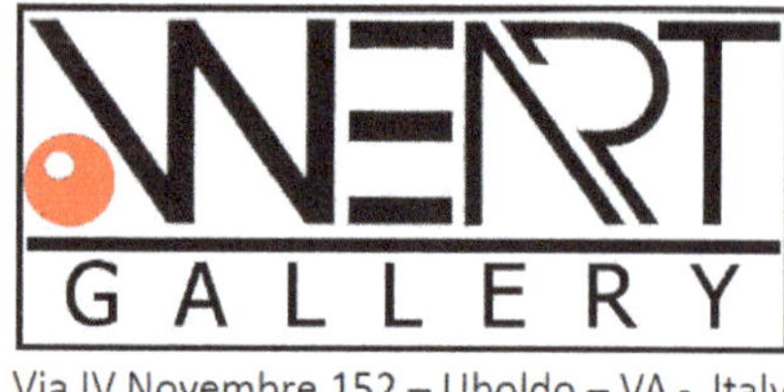

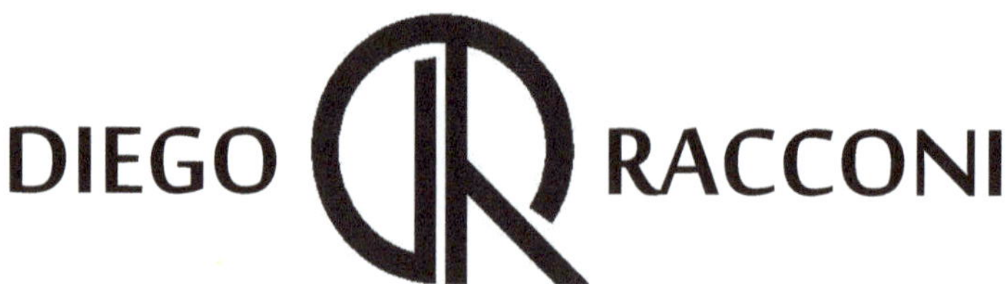

DIEGO ꓤRACCONI

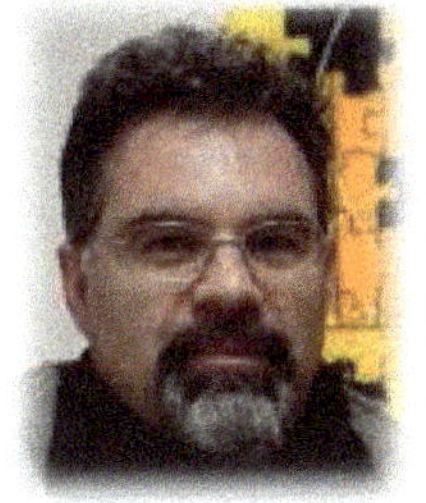

Diego Racconi

Racconi Diego nasce a Milano nel 1968 e rimane attratto fin da giovane dalle arti e dalla pittura. Dopo un esordio da autodidatta, affina nel corso del tempo le capacità tecniche e stilistiche grazie a valenti insegnanti appartenenti a diversi gruppi artistici. Inizialmente si focalizza su tecniche pittoriche classiche e uno stile figurativo impressionista.

Partecipa attivamente a numerose collettive e concorsi, riscuotendo consensi di critica e di pubblico. La volontà di trasmettere emozioni attraverso la pittura emerge nel tempo nella realizzazione di opere geometriche astratte, dove l'accostamento cromatico risulta la chiave di lettura del mondo interiore. Contorsioni dripping si sviluppano su trame geometriche, dove il rapporto forma-colore-materia rappresenta una personale rielaborazione delle emozioni, rivisitate attraverso un linguaggio codificato di armonie e contrasti, espresso anche attraverso l'utilizzo di campiture fluide. Tema ricorrente nelle opere è la transitorietà e l'impermanenza della natura, in contrapposizione con il vano desiderio dell'uomo di controllare razionalmente il proprio destino. Un viaggio attraverso paesaggi emozionali, simbolo di una costante trasformazione lungo il proprio cammino esperienziale.

CONTATTI :

DIEGO RACCONI
Via Ungaretti 12 - 20030 Senago (Mi)
mob. 331.7274711

web: **http://diegorac.jimdo.com**
e-mail : **diego.racconi@alice.it**
Facebook : **www.facebook.com/diego.racconi**

After a debut self-taught, Diego Racconi refined over time the technical and stylistic thanks to talented teachers from different artistic groups. He actively participated in numerous group exhibitions and competitions, receiving acclaim from critics and audiences. The desire to convey emotions through painting emerges in the realization of abstract geometric works, where the color scheme is the key to understanding the inner world. Contortions dripping develop on geometric patterns, where the relationship between form and color-field is a personal elaboration of emotions, revisited through a coded language of harmonies and contrasts. A recurring theme in the works is impermanence and unpredictability of nature, in contrast with the vain man's desire to control their own destiny. The use of overlapping canvases characterized by chromatic contrasts, highlights emotional passages, in a constantly changing along its path experiential.

Après des débuts en autodidacte, Diego Racconi affiné au fil du temps les techniques et stylistiques grâce à des professeurs talentueux issus de différents groupes artistiques. Il a participé à de nombreuses expositions collectives et concours, recevant l'acclamation de la critique et du public. Le désir de transmettre des émotions à travers la peinture émerge dans la réalisation de travaux abstraits géométriques, où la palette de couleurs est la clé pour comprendre le monde intérieur. Contorsions dégoulinant se développer sur des motifs géométriques, où la relation entre la forme et la couleur de champ est une élaboration personnelle d'émotions, revisitée à travers un langage codé d'harmonies et de contrastes. Un thème récurrent dans les œuvres est l'impermanence et de l'imprévisibilité de la nature, en opposition avec la volonté de l'homme vain de contrôler leur propre destin. L'utilisation du chevauchement des toiles caractérisées par des contrastes chromatiques, souligne passages émotionnels, dans une évolution constante le long de son parcours expérientiel.

Racconi Диего родился в Милане в 1968 году и привлекла к искусству с самого раннего возраста и живописи. После дебюта самоучка, уточнены с течением времени технические и стилистические благодаря талантливых педагогов из разных творческих коллективов. Он активно участвовал в многочисленных групповых выставках и конкурсах, получив признание критиков и зрителей.Желание передать эмоции через картины возникает в реализации абстрактных геометрических работ, где цветовая схема является ключом к пониманию внутреннего мира. Contortions капает развиваться на геометрические узоры, где отношения между формой и цветом поля является личной разработкой эмоции, вновь через кодированный язык гармонии и контрастов.Повторяющейся темой в работах непостоянства и непредсказуемости природы, в отличие от желания напрасно человека управлять своей судьбой. Использование перекрытия полотна характеризуется хроматических контрастов, подчеркивает эмоциональные пассажи, в постоянно меняющихся на своем пути опыте.

Alter und Malerei hingezogen. Nach einem Debüt Autodidakt, verfeinert im Laufe der Zeit die technischen und stilistischen dank talentierter Lehrer aus verschiedenen künstlerischen Gruppen. Er beteiligte sich aktiv an zahlreichen Gruppenausstellungen und Wettbewerben, erhält Lob von Kritikern und Publikum. Der Wunsch, Emotionen durch die Malerei zu vermitteln entsteht bei der Umsetzung von abstrakt-geometrischen Arbeiten, wo das Farbschema ist der Schlüssel zum Verständnis der inneren Welt. Contortions tropft entwickeln auf geometrischen Mustern, wo die Beziehung zwischen Form und Farbe-Feld eine persönliche Erarbeitung von Emotionen, durch eine codierte Sprache der Harmonien und Kontrasten revisited ist. Ein immer wiederkehrendes Thema in den Arbeiten liegt in der Unbeständigkeit und Unberechenbarkeit der Natur, im Gegensatz zu den eitlen Mann den Wunsch, ihr eigenes Schicksal zu kontrollieren. Die Verwendung von überlappenden Gemälde von Farbkontraste gekennzeichnet, betont emotionalen Passagen, in einer sich ständig verändernden entlang seines Weges Erlebnispädagogik.

Riferimenti stilistici :

Prendendo ispirazione dai grandi maestri del passato ho rielaborato uno stile personale che fosse una fusione di molti generi diversi, amalgamando tecniche in soluzioni inedite alla ricerca di una mia identità pittorica. Dopo aver sperimentato con validi insegnanti un percorso figurativo classico, sono approdato ad uno stile geometrico astratto più contemporaneo. Il percorso è stato lungo, laborioso e molto selettivo, eliminando orpelli che non esprimevano in maniera coerente la mia idea di base e cioè la transitorietà degli eventi, in contrapposizione con il costante tentativo dell'uomo di controllare il proprio destino. Il concetto dell' imprevedibilità della natura e del suo costante mutamento è espresso tramite un utilizzo calibrato della tecnica dripping dove i segni che attraversano la tela creano un movimento dinamico guidato dalla casualità del gesto. Nello stesso modo ho voluto utilizzare campiture di colore e rappresentazioni geometriche, per sottolineare la schematicità ripetitiva del pensiero umano e il costante bisogno di organizzare minuziosamente gli eventi.

Riferimenti pittorici sotto il profilo storico-artistico ai grandi maestri del passato : il Color Field painting (per l'utilizzo di campiture piatte di colore), Rothko, il Suprematismo di Malevic (uso del quadrato e del rettangolo e assenza di riferimenti reali) o al neoplasticismo di Mondrian (suddivisione degli spazi tramite linee rette), il dripping di Pollok, sino ai più recenti artisti contemporanei.

Tecniche, stili e soluzioni che ho rielaborato in un nuovo contesto, fuse in alchemiche reinterpretazioni espresse nella serie 'Geometrie Astratte' , ancora più accentuate nella opere della serie 'Energy' dove le campiture fluide identificano gli elementi naturali e le loro vicendevoli influenze e sinergie.

GEOMETRIE ASTRATTE

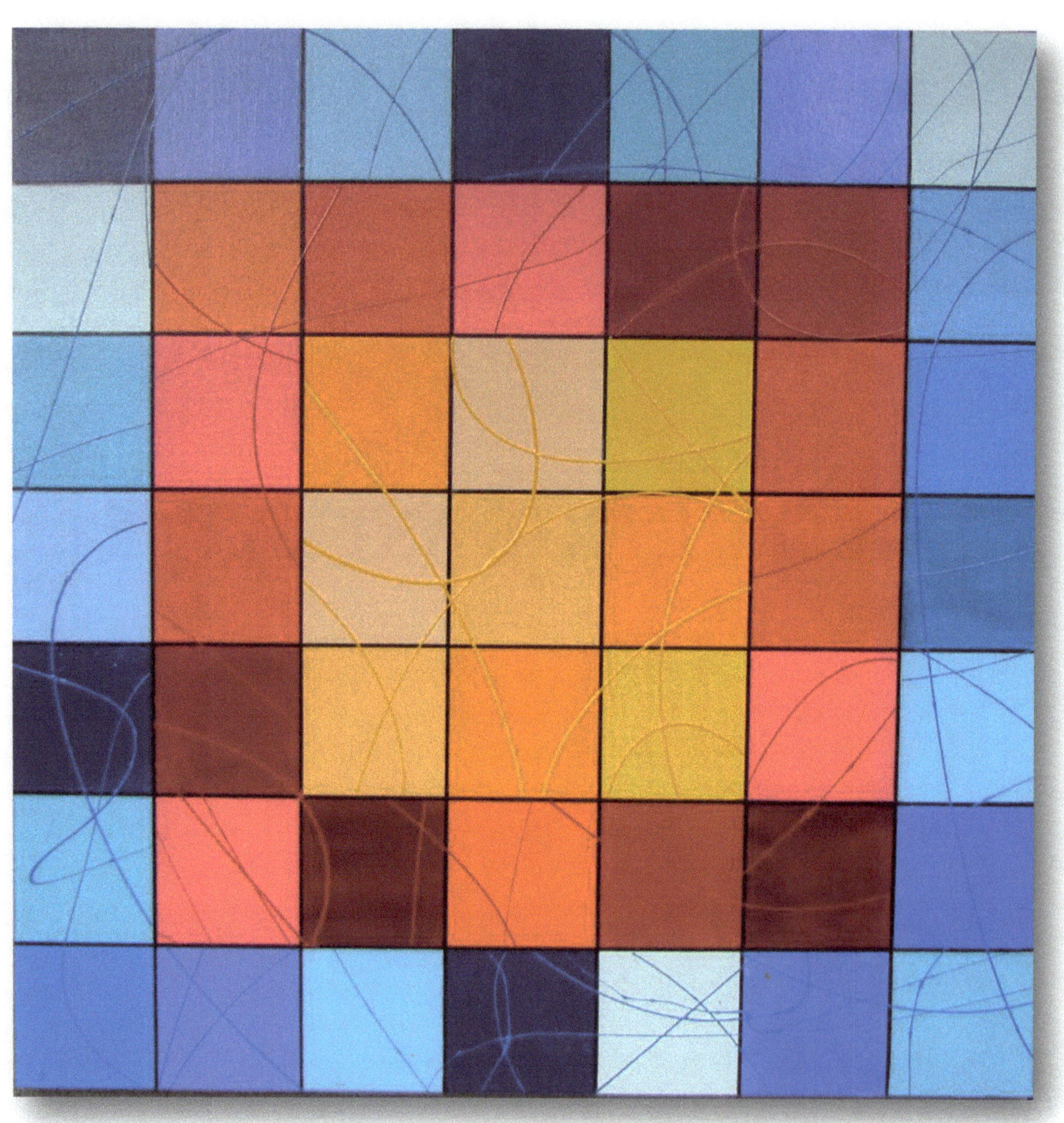

'CATTEDRALE' - 70x70 cm - Tecnica mista su tela - 2013

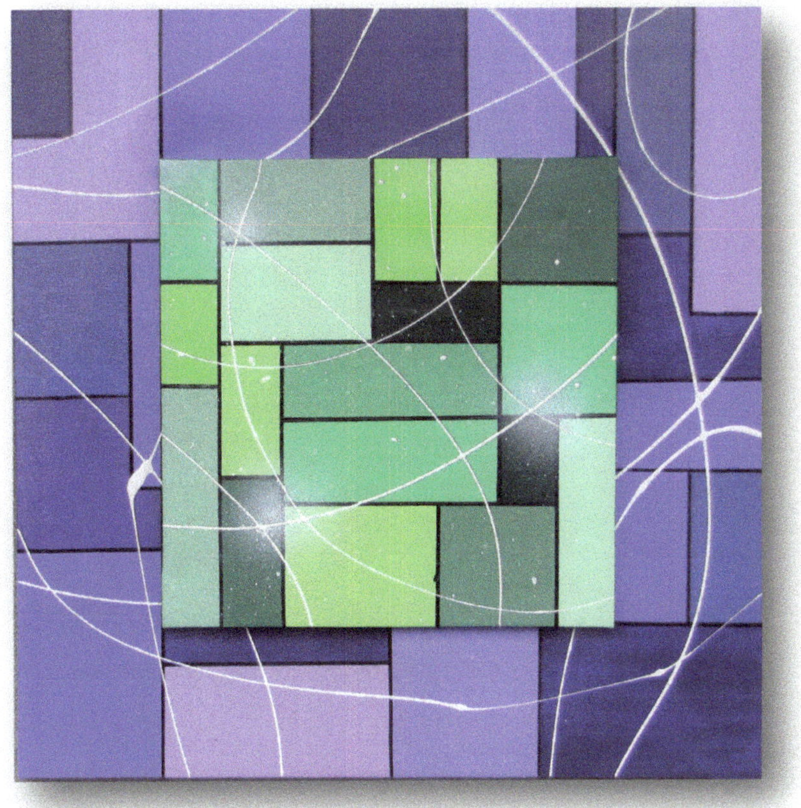

'STARS' - 50x50 cm - Tecnica mista su tele sovrapposte - 2013

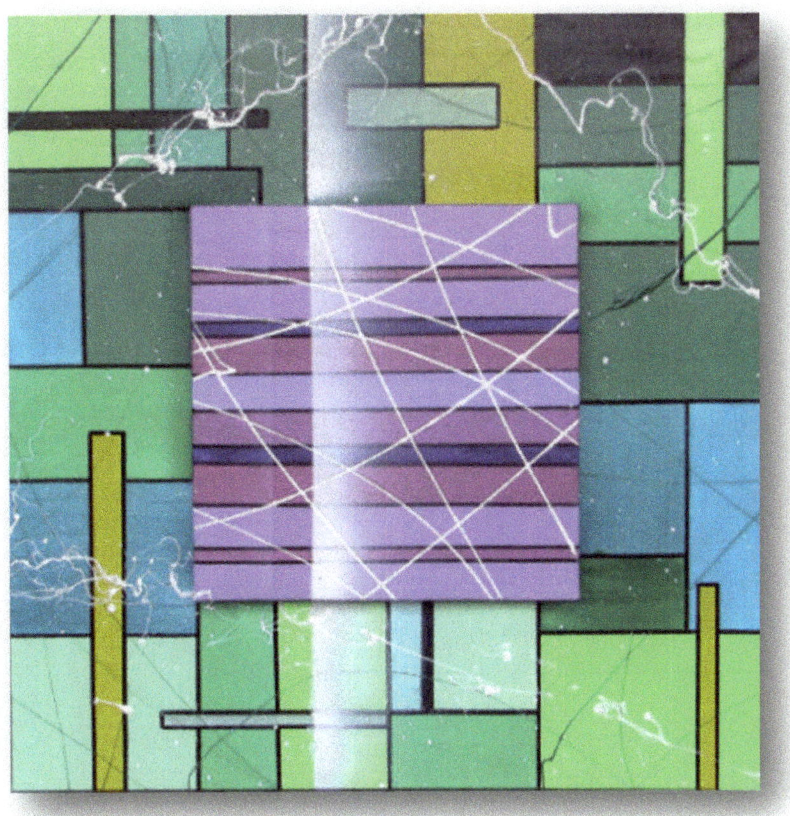

'VITE PARALLELE' - 50x50 cm - Tecnica mista su tele sovrapposte - 2013

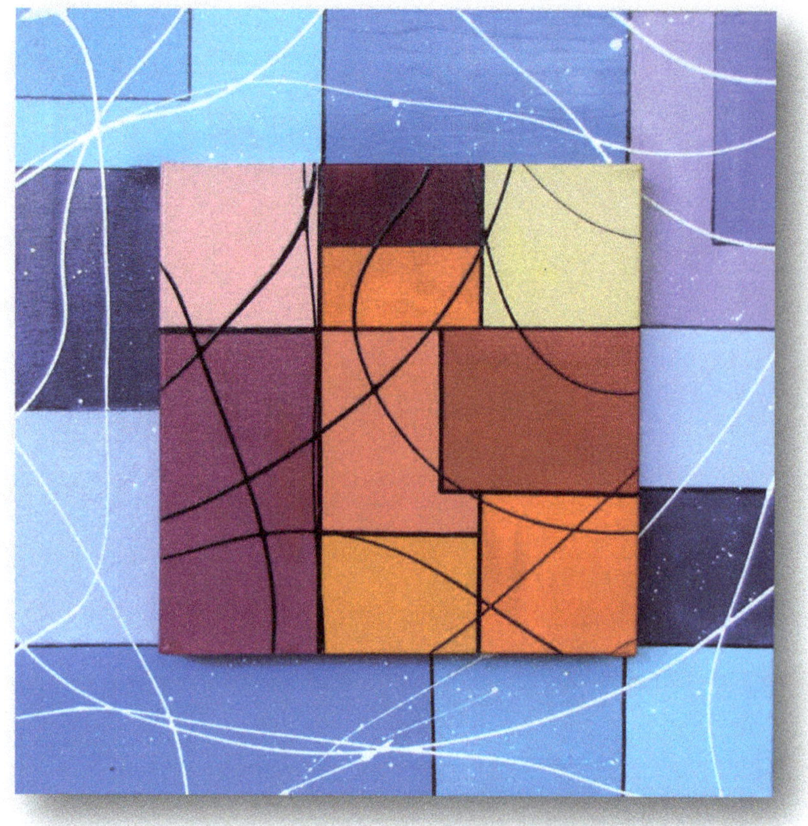

'TAO' - 50x50 cm - Tecnica mista su tele sovrapposte - 2013

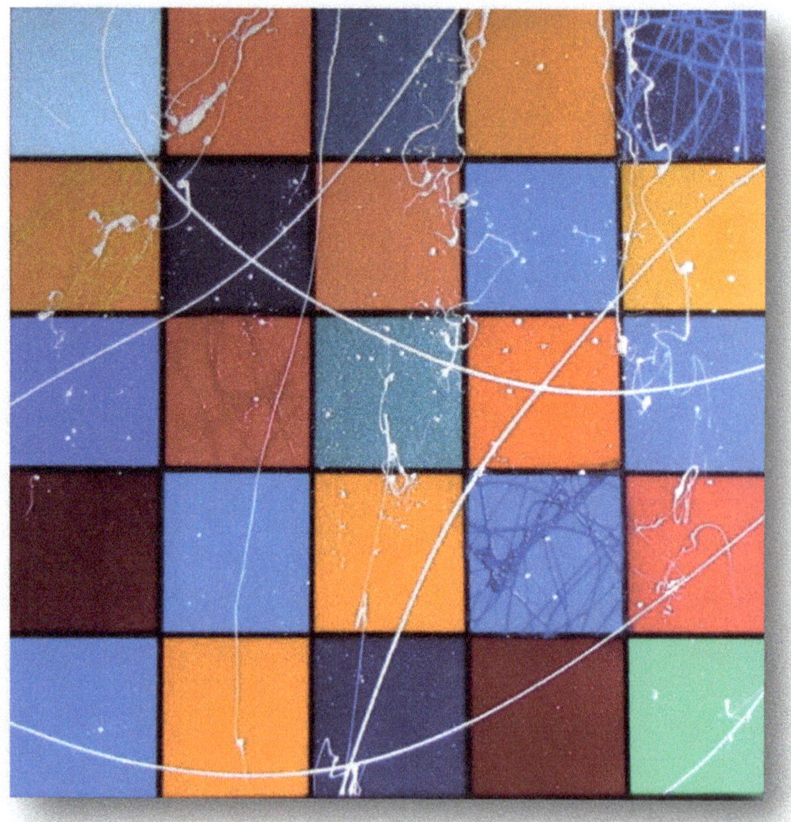

'CHESS' - 50x50 cm - Tecnica mista su tela - 2012

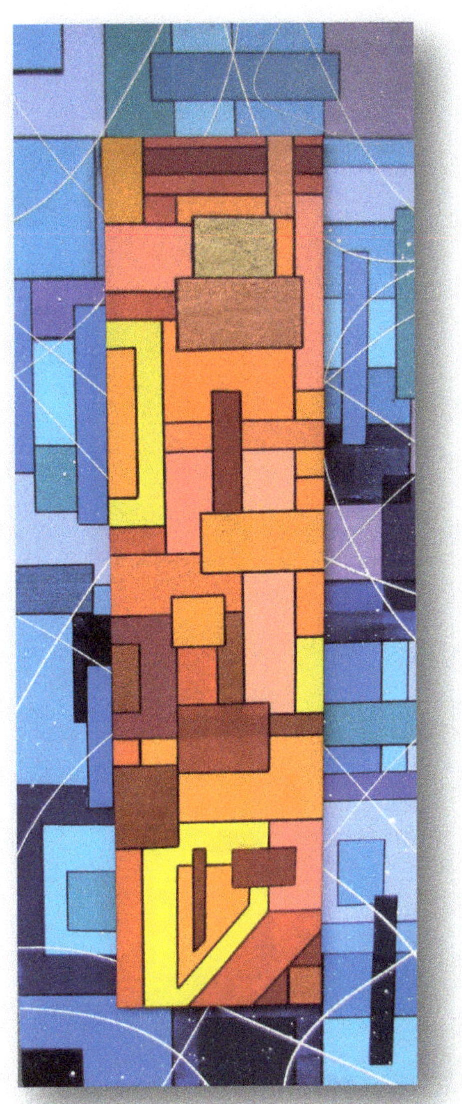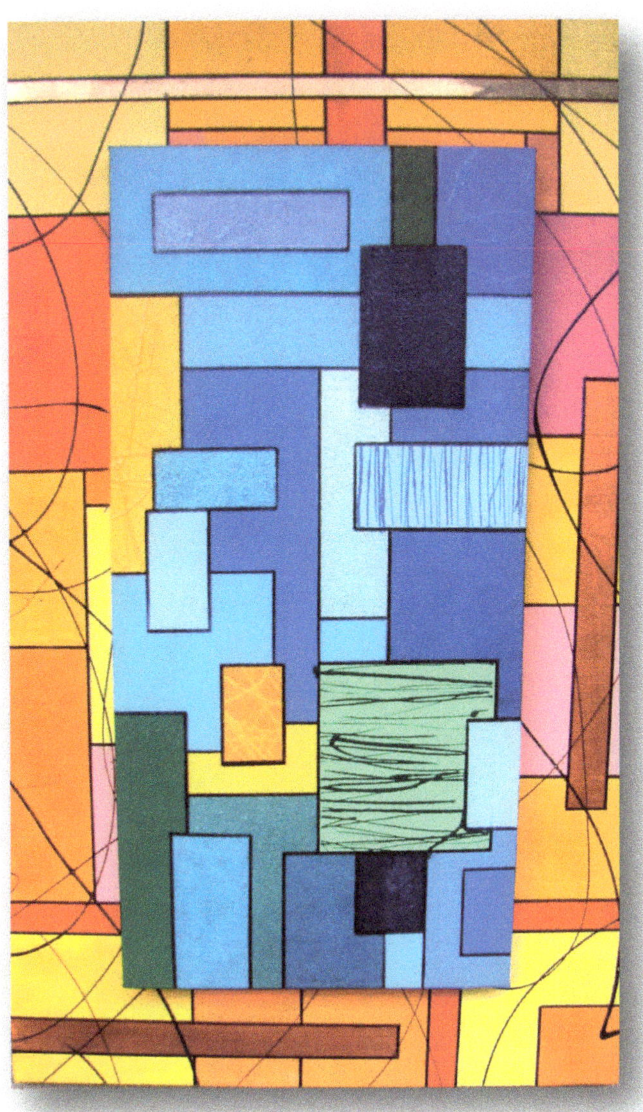

'HOLIDAY' - 30x100 cm - Tecnica mista su tele sovrapposte - 2013

'ANOTHER LIFE' - 50x80 cm - Tecnica mista su tele sovrapposte - 2013

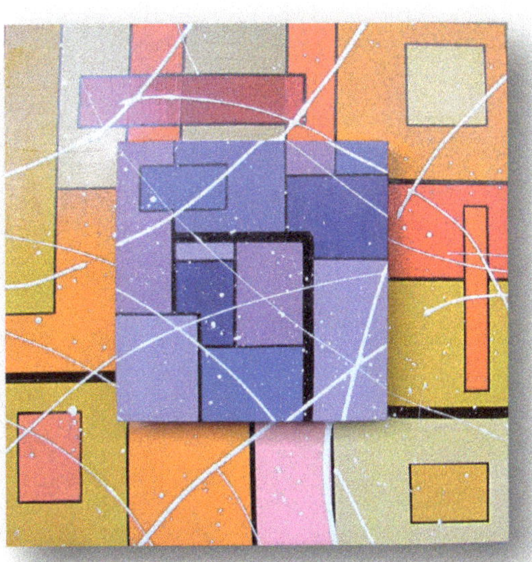

'FONTANE DANZANTI' - 60x60 cm - Tecnica mista su tele sovrapposte - 2013

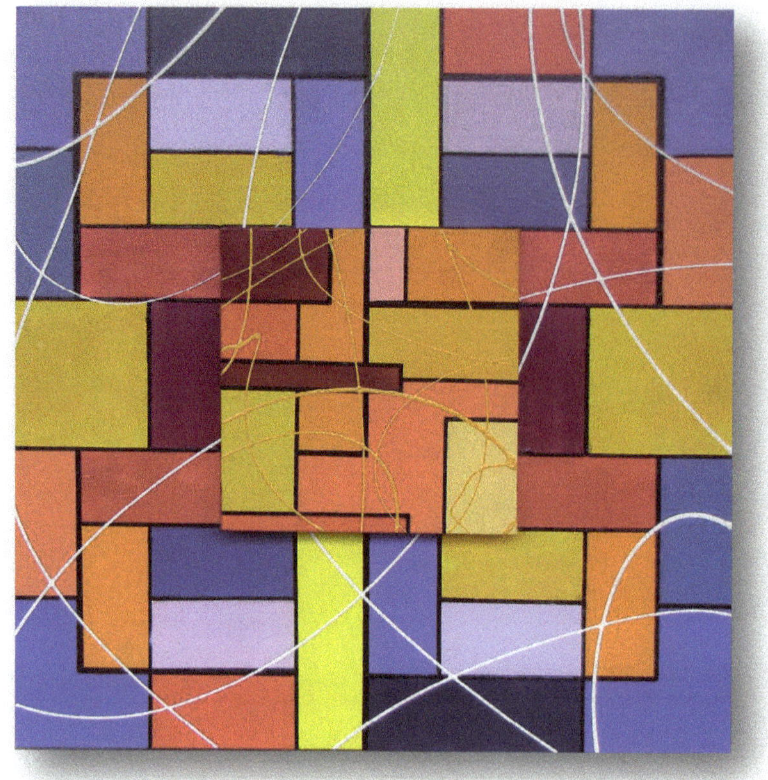

'CROSS DESTINY'' - 50x50 cm - Tecnica mista su tele sovrapposte - 2013

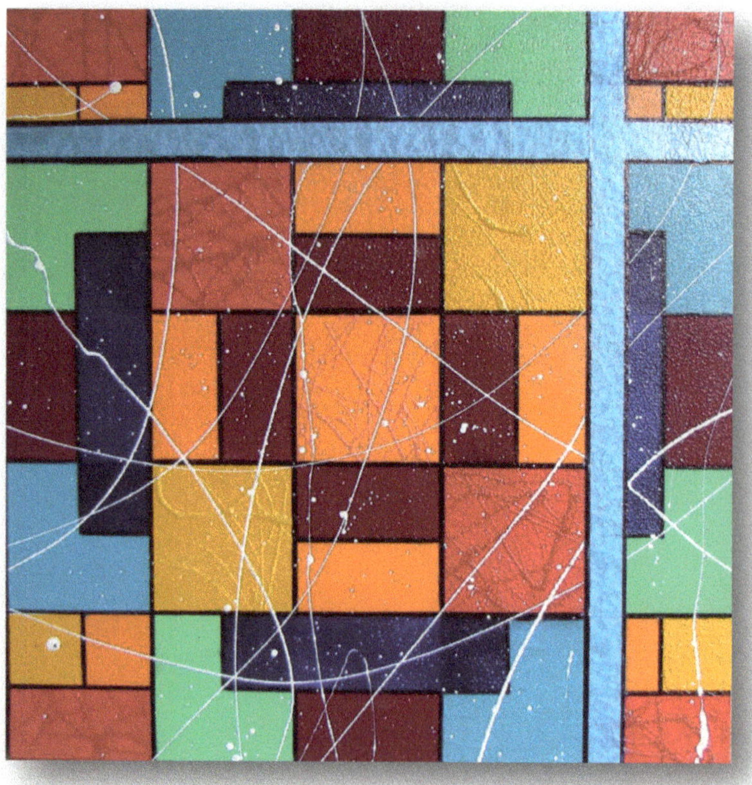

'MANDALA'' - 50x50 cm - Tecnica mista su tela - 2013

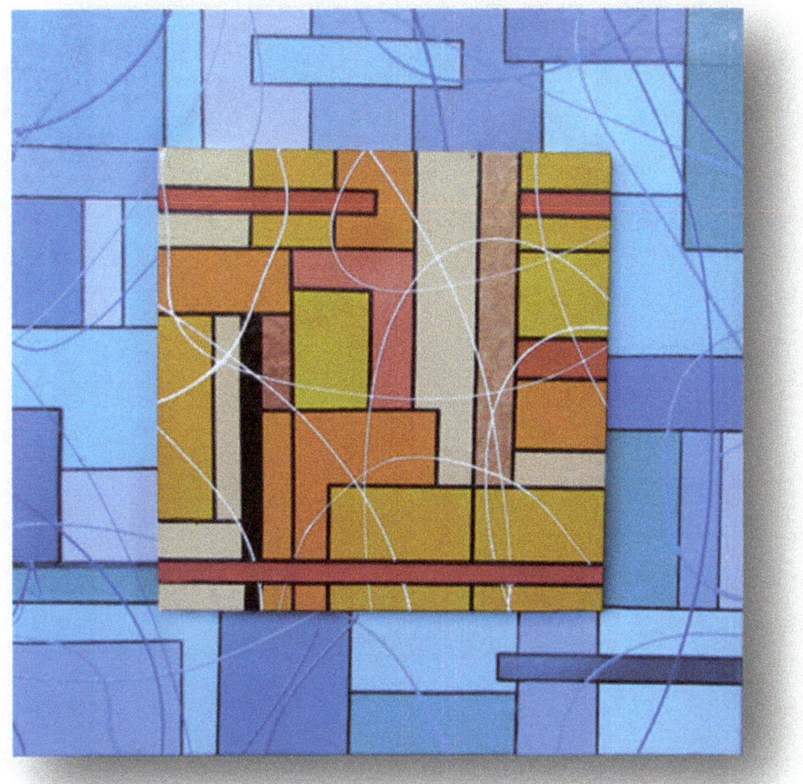

'LANDSCAPE 2' - 50x50 cm - Tecnica mista su tele sovrapposte - 2013

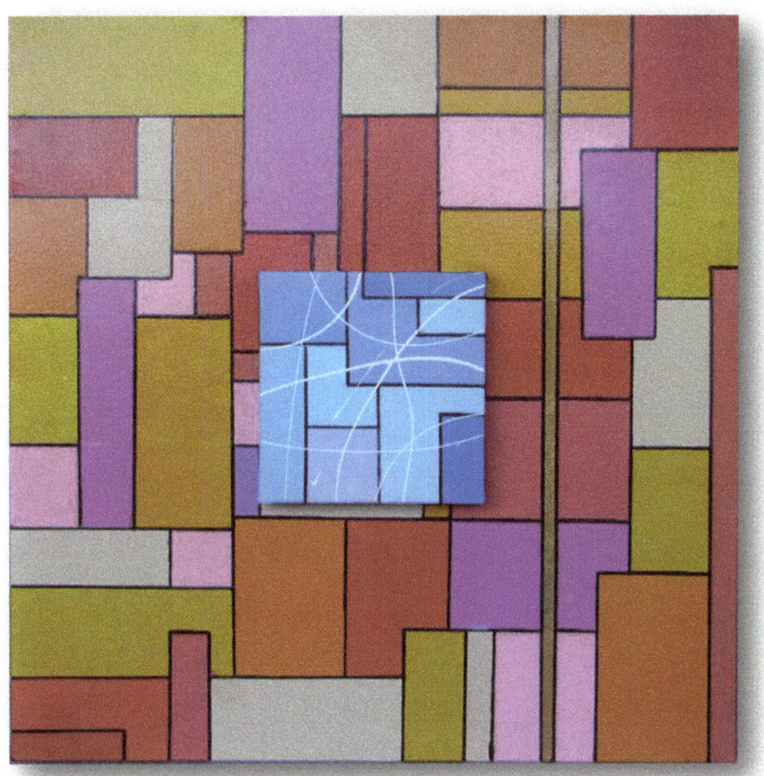

'LANDSCAPE 3' - 50x50 cm - Tecnica mista su tele sovrapposte - 2013

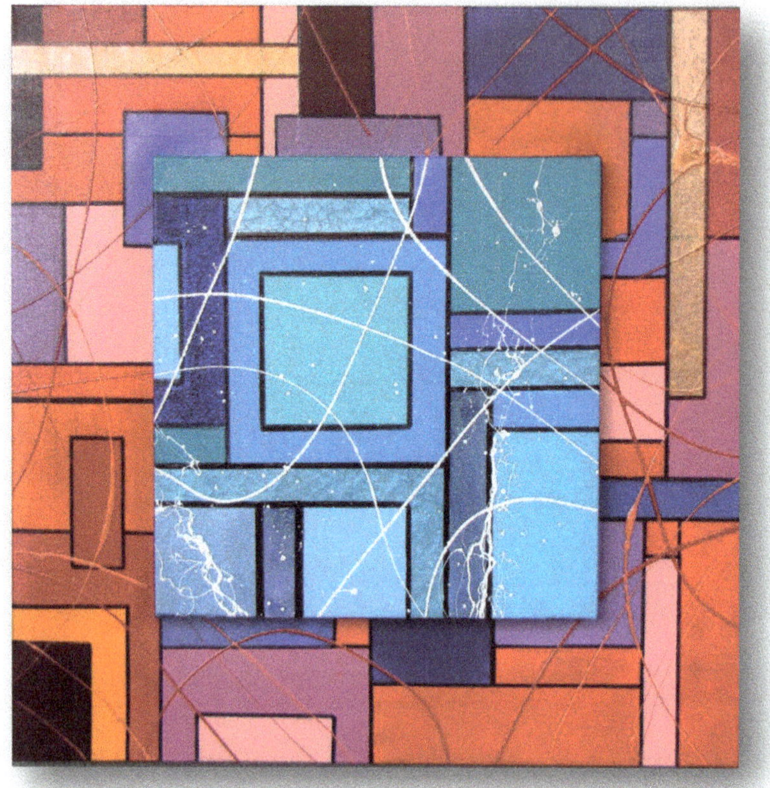

'LANDSCAPE 4' - 50x50 cm - Tecnica mista su tele sovrapposte - 2013

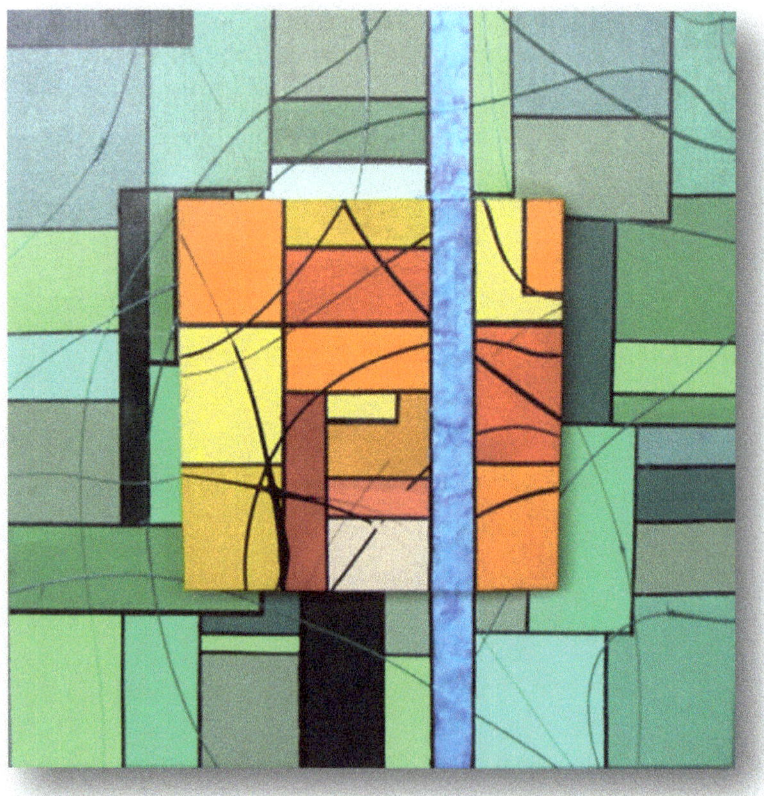

'LANDSCAPE 5' - 50x50 cm - Tecnica mista su tele sovrapposte - 2013

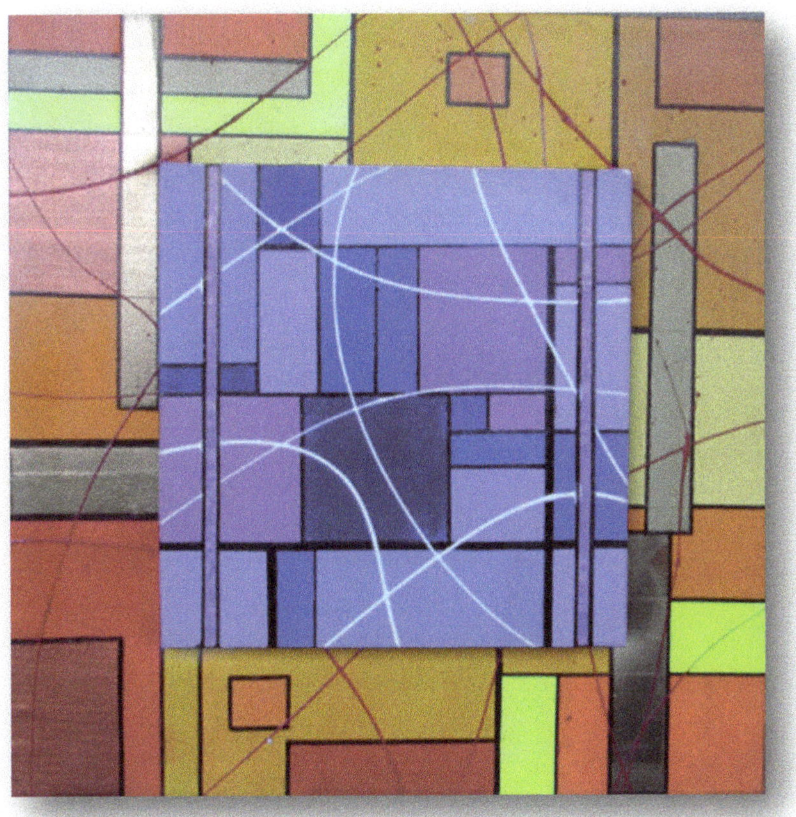

'LANDSCAPE 6' - 50x50 cm - Tecnica mista su tele sovrapposte - 2013

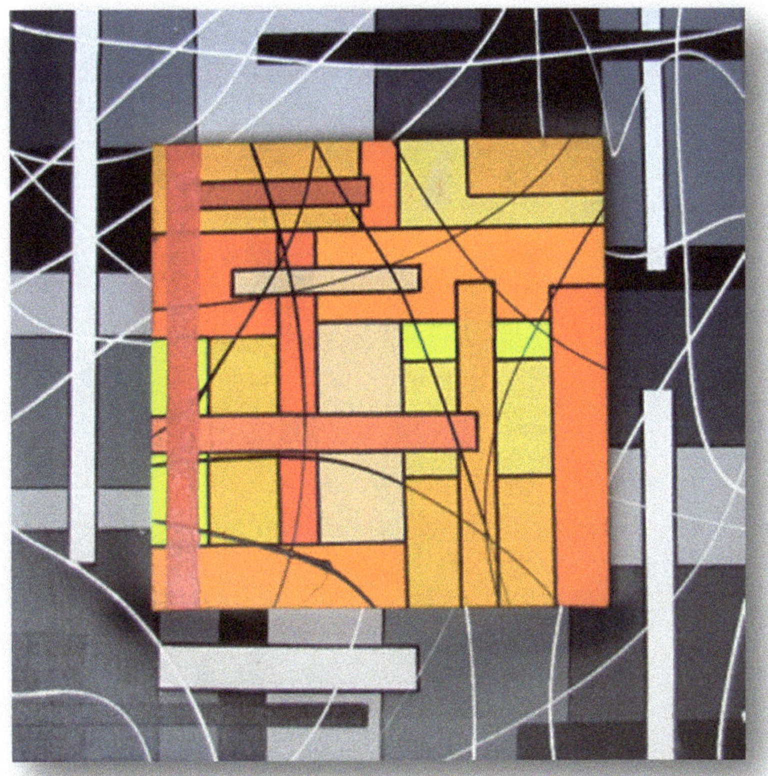

'LANDSCAPE 7' - 50x50 cm - Tecnica mista su tele sovrapposte - 2013

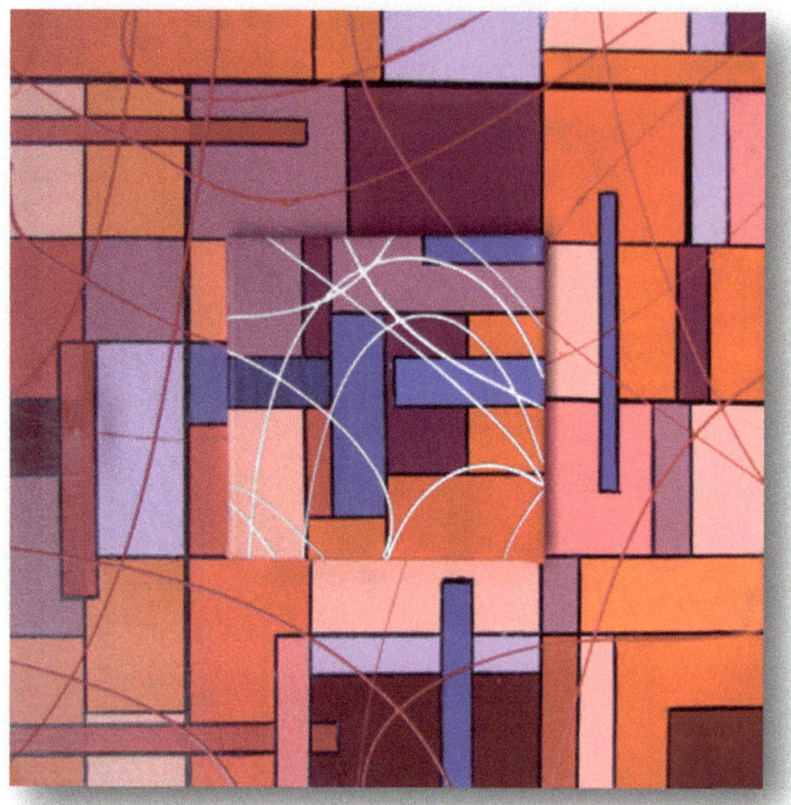

'LANDSCAPE 8' - 50x50 cm - Tecnica mista su tele sovrapposte - 2013

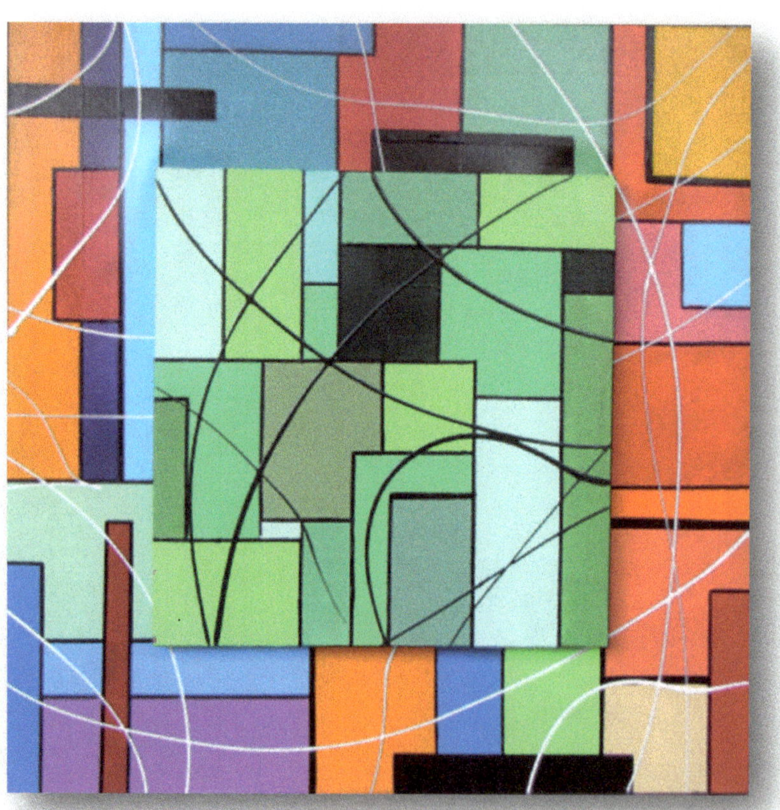

'LANDSCAPE 9' - 50x50 cm - Tecnica mista su tele sovrapposte - 2013

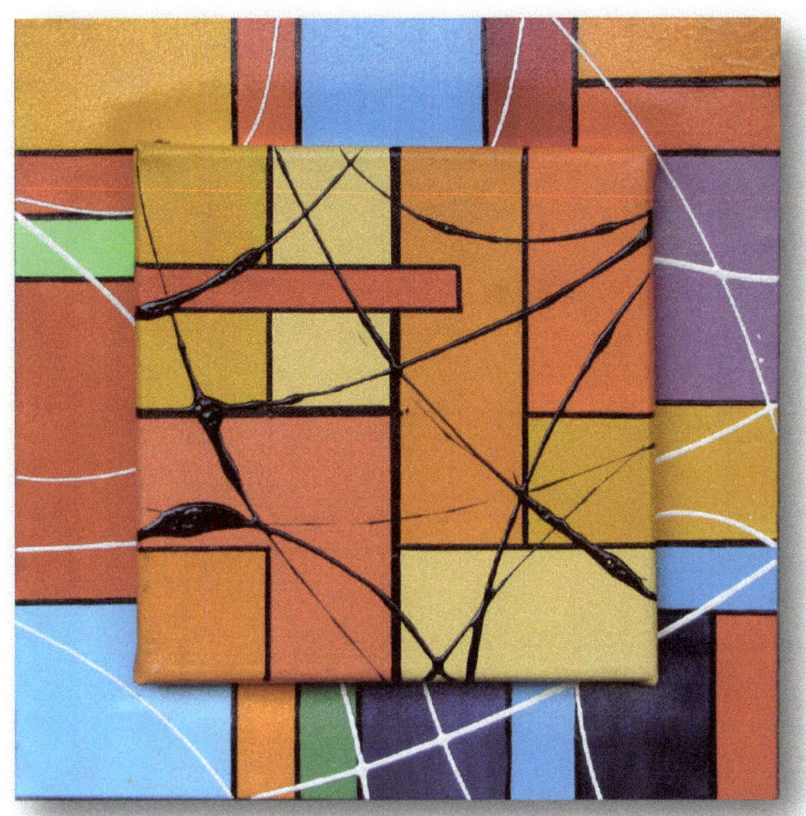

'LANDSCAPE 10' - 30x30 cm - Tecnica mista su tele sovrapposte - 2013

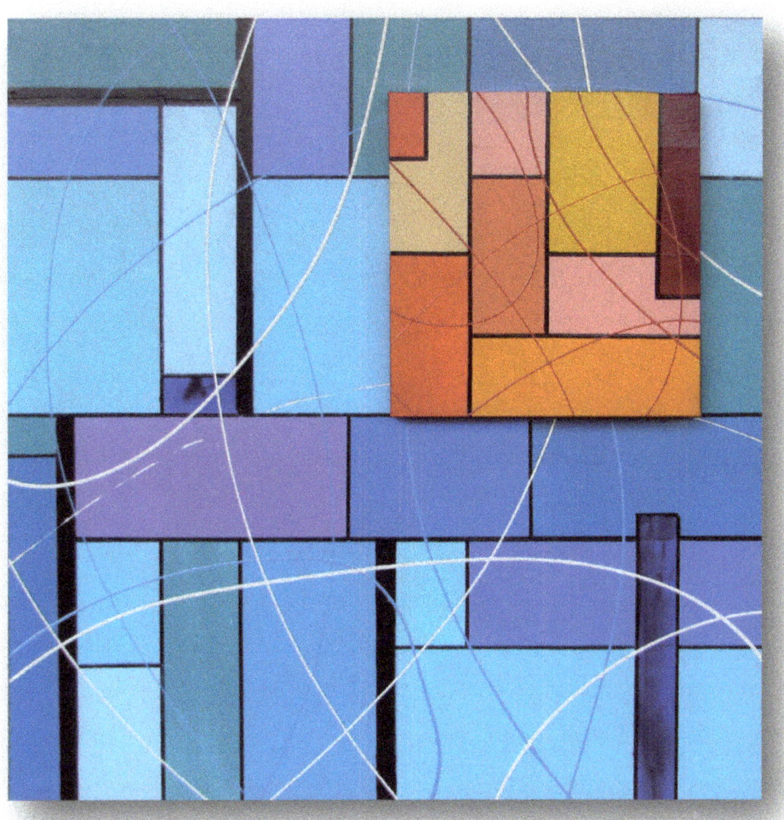

'LANDSCAPE 11' - 50x50 cm - Tecnica mista su tele sovrapposte - 2013

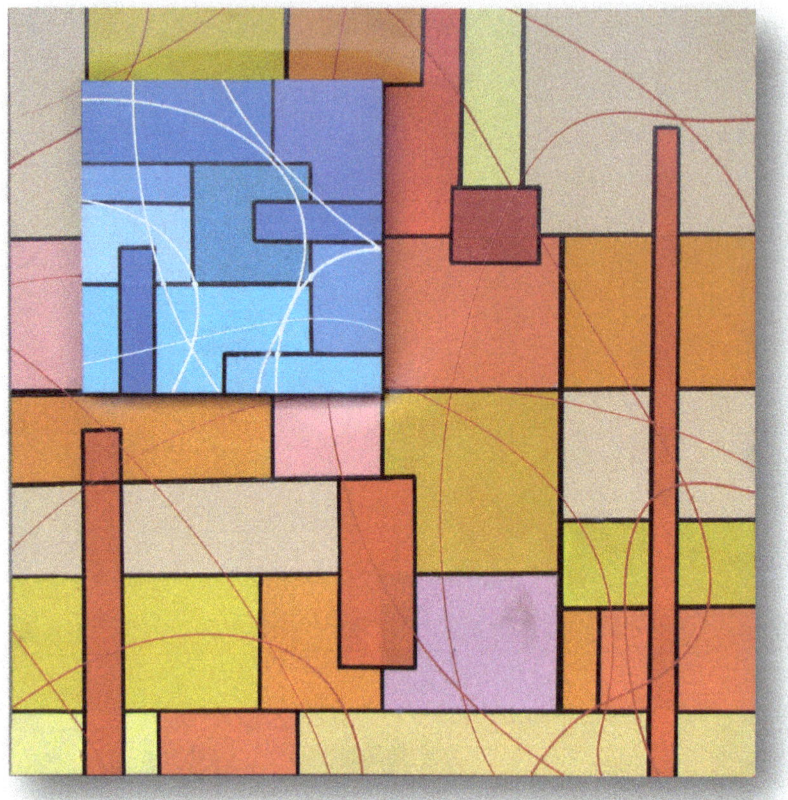

'LANDSCAPE 12' - 50x50 cm - Tecnica mista su tele sovrapposte - 2013

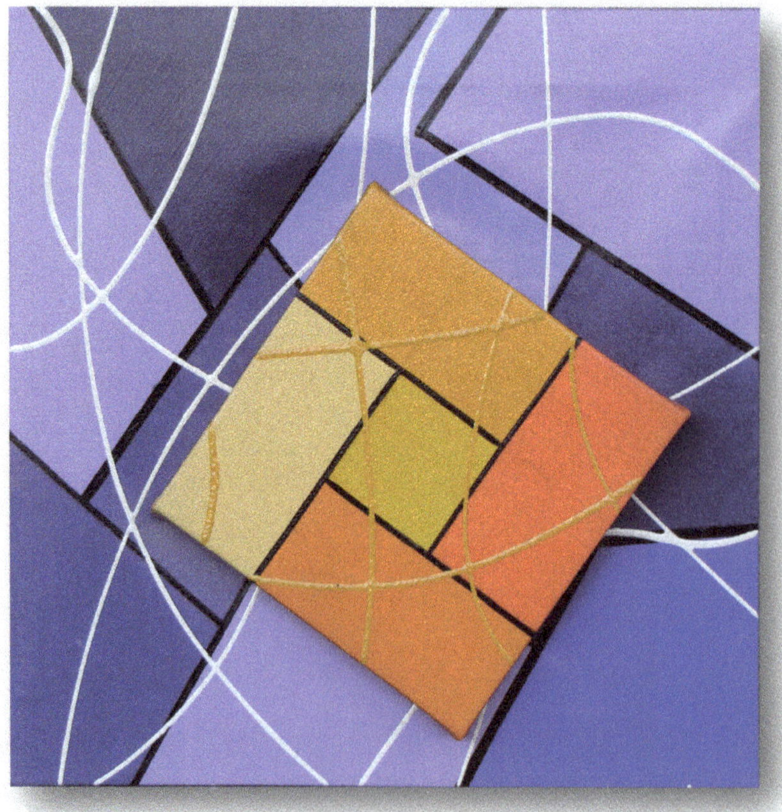

'LANDSCAPE 13' - 30x30 cm - Tecnica mista su tele sovrapposte - 2013

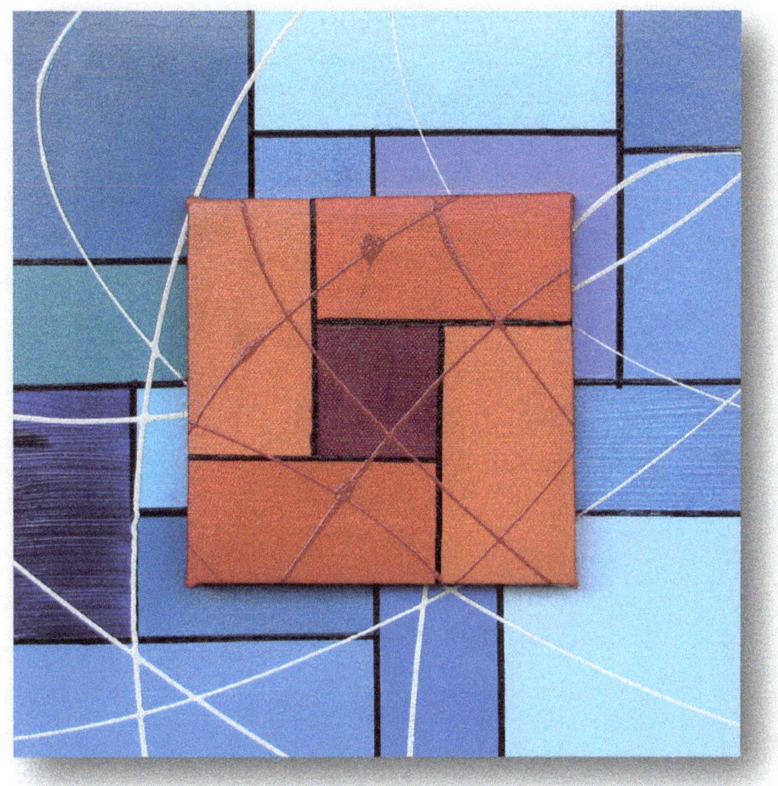

'LANDSCAPE 14' - 30x30 cm - Tecnica mista su tele sovrapposte - 2013

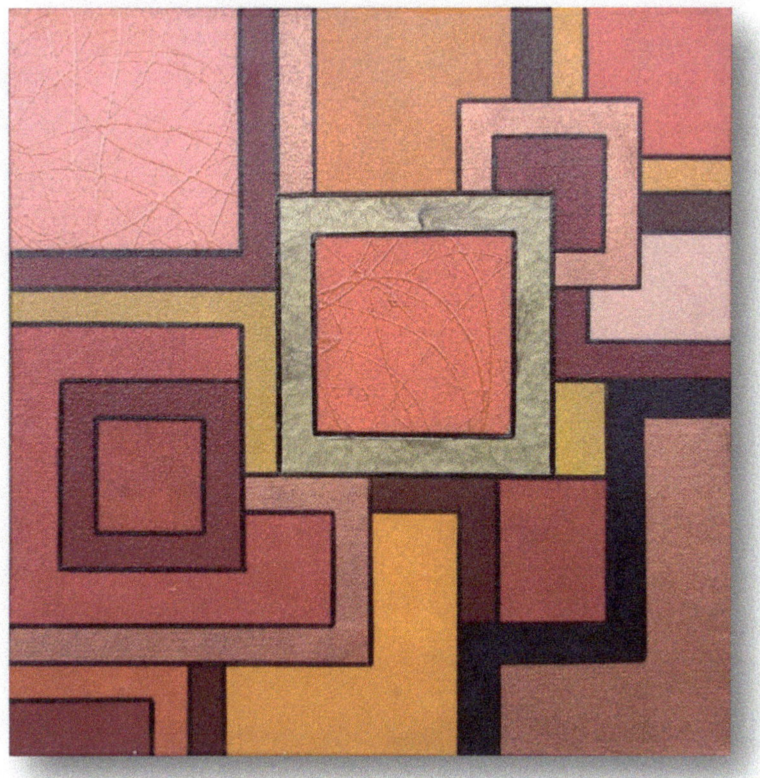

'SQUARE' - 40x40 cm - Tecnica mista su tela - 2013

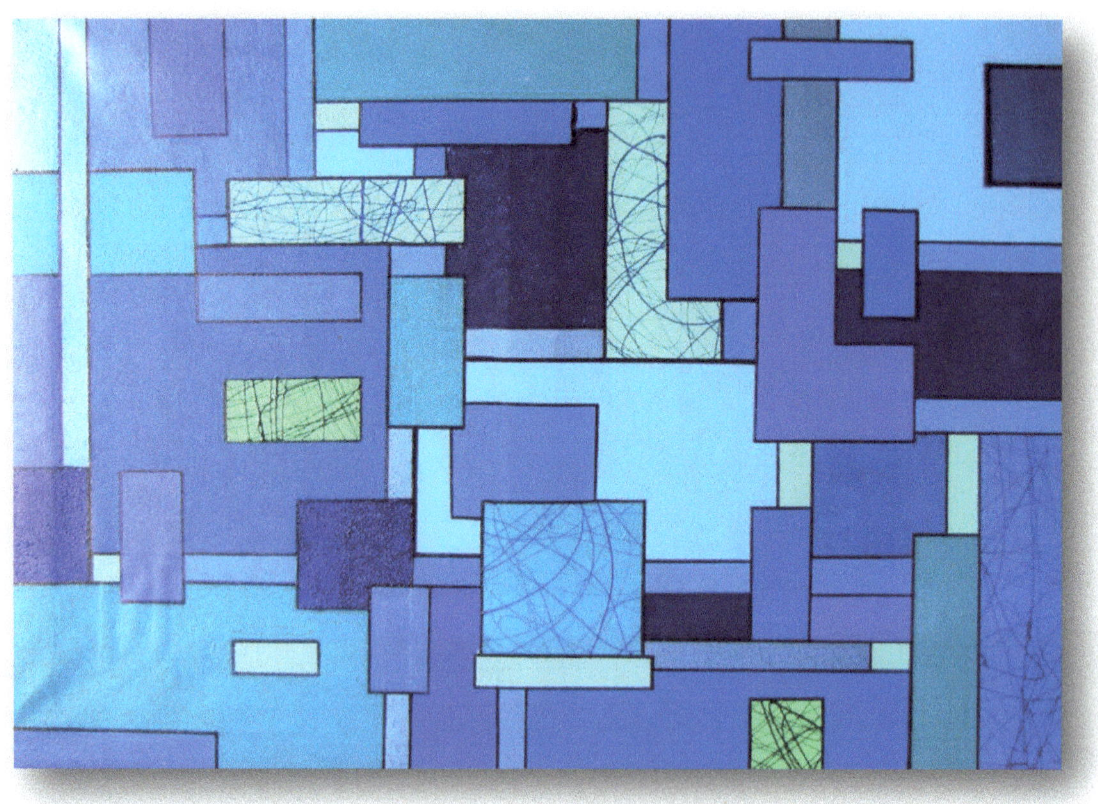

'DEEP BLU' - 70x100 cm - Tecnica mista su tela - 2012

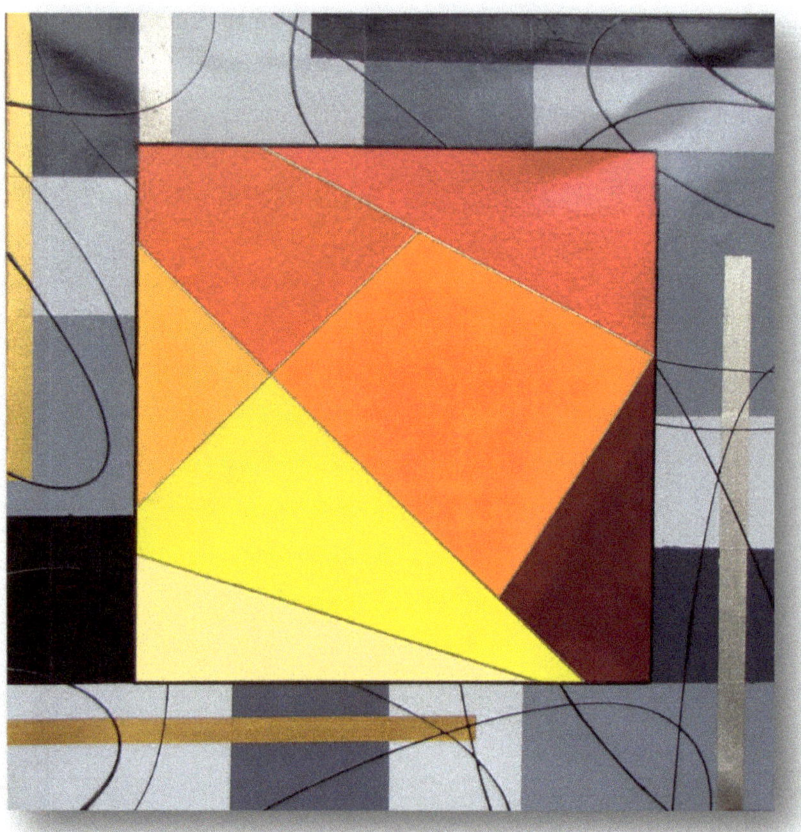

'MY WINDOW' - 60x60 cm - Tecnica mista su tela - 2014

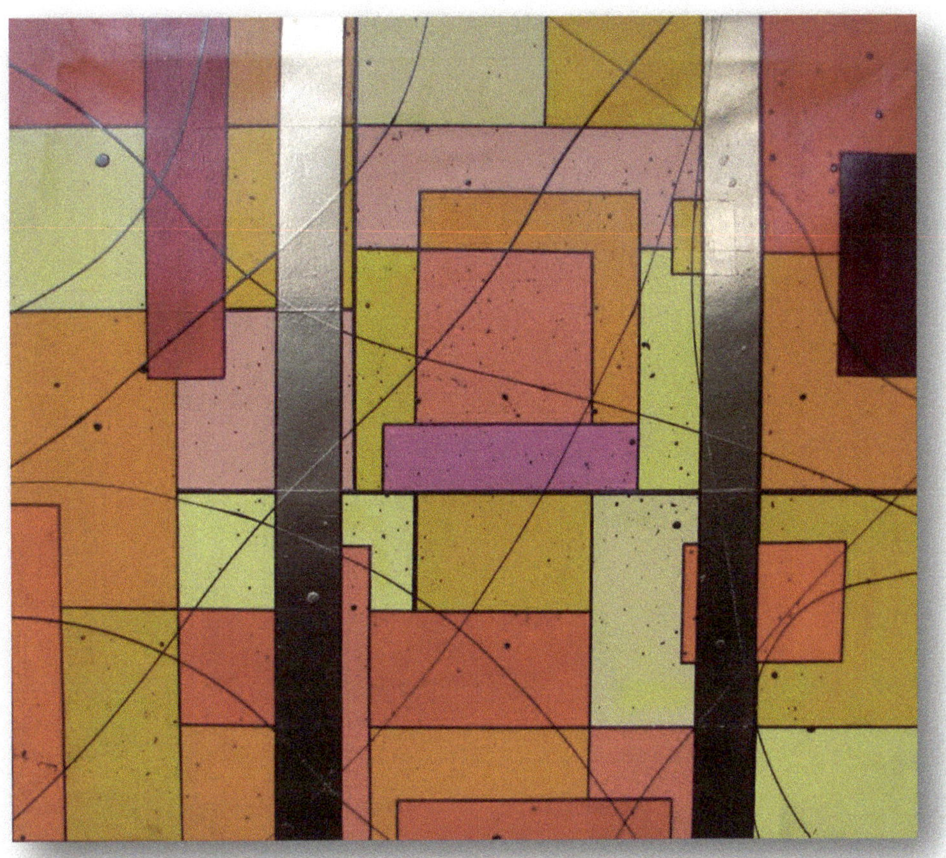

'ELDORADO' - 70x80 cm - Tecnica mista su tela - 2012

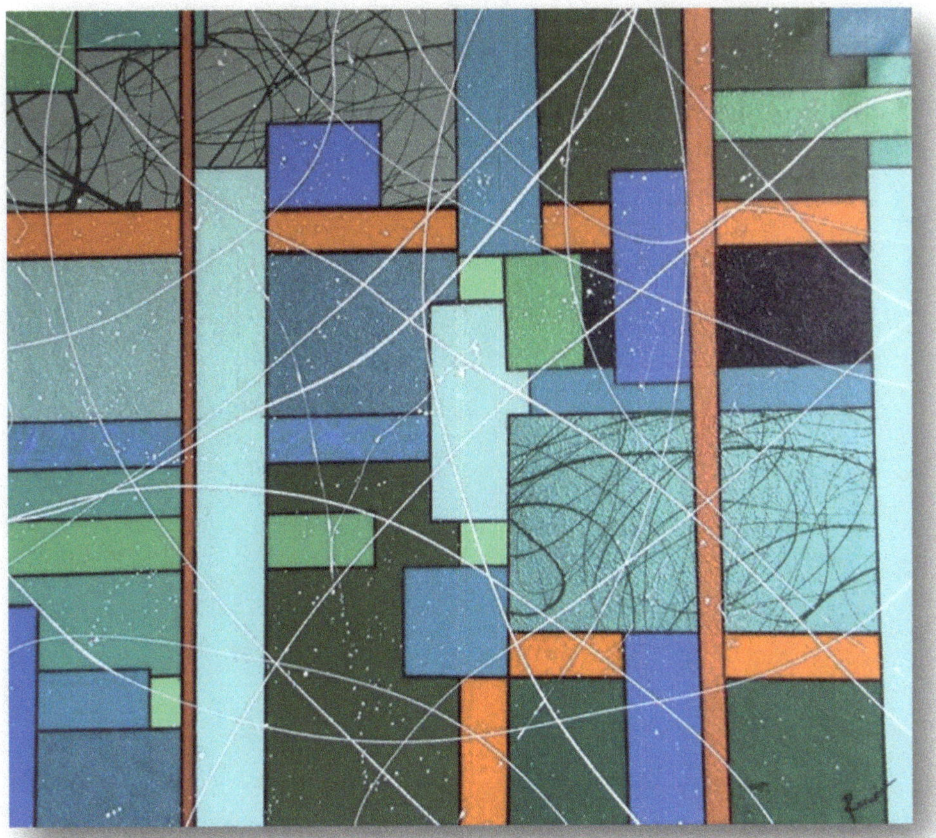

'TRA MARI E MONTI' - 70x80 cm - Tecnica mista su tela - 2012

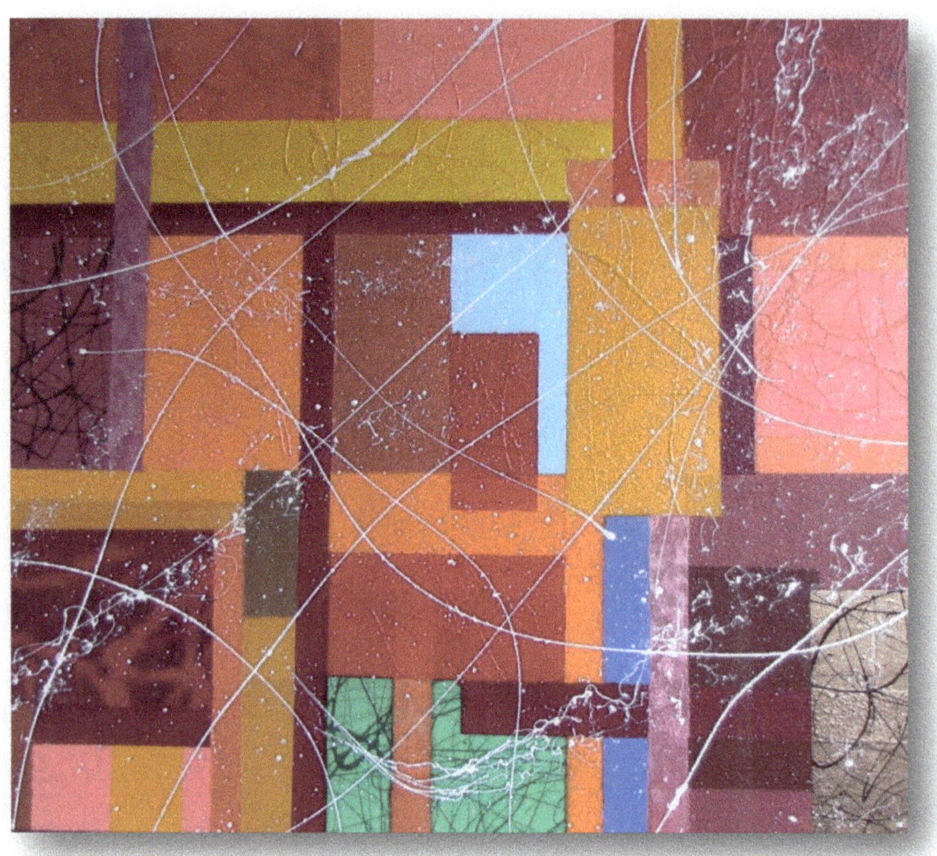

'VULCANO' - 70x80 cm - Tecnica mista su tela - 2012

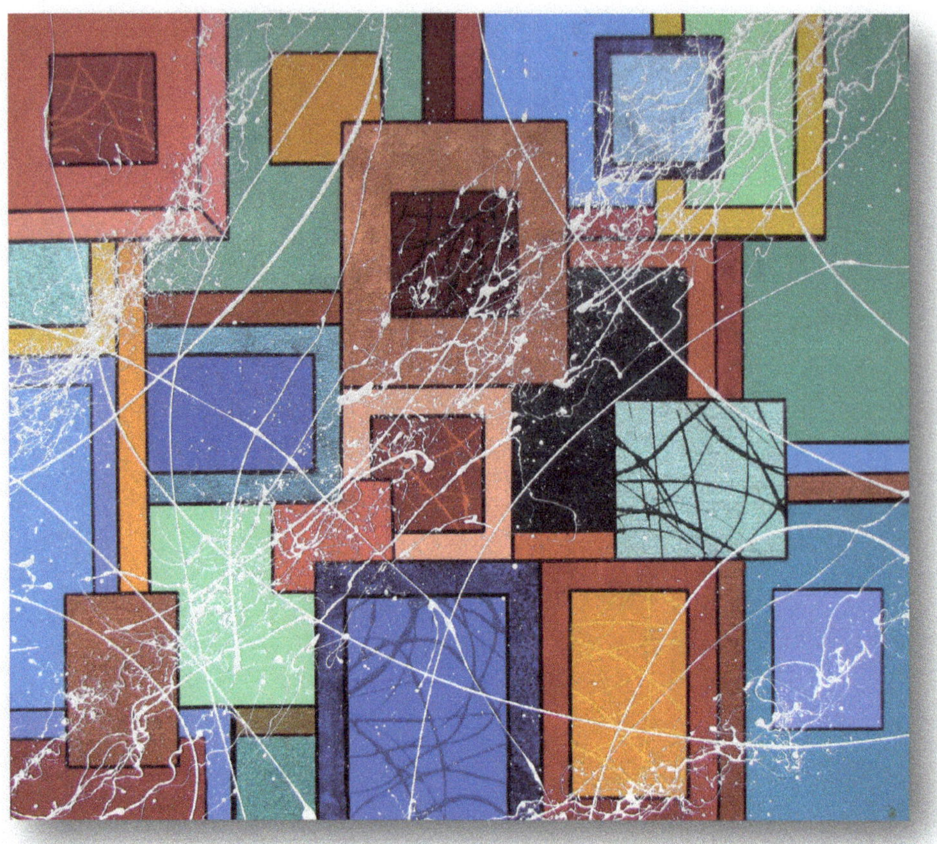

'ENERGY' - 70x80 cm - Tecnica mista su tela - 2013

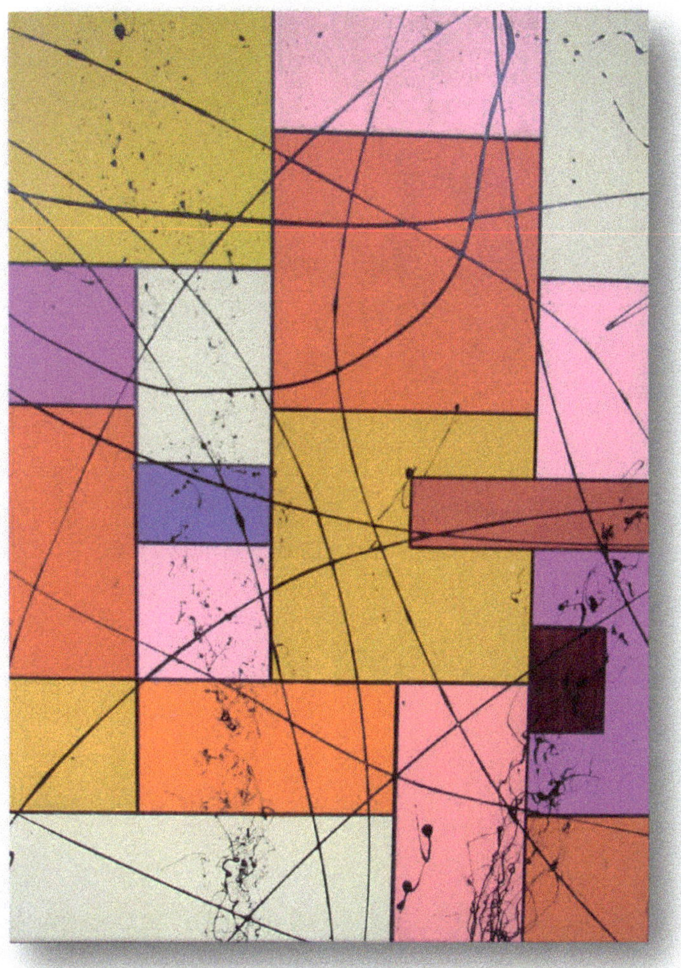

'SPLASHDOWN' - 50x70 cm - Tecnica mista su tela - 2013

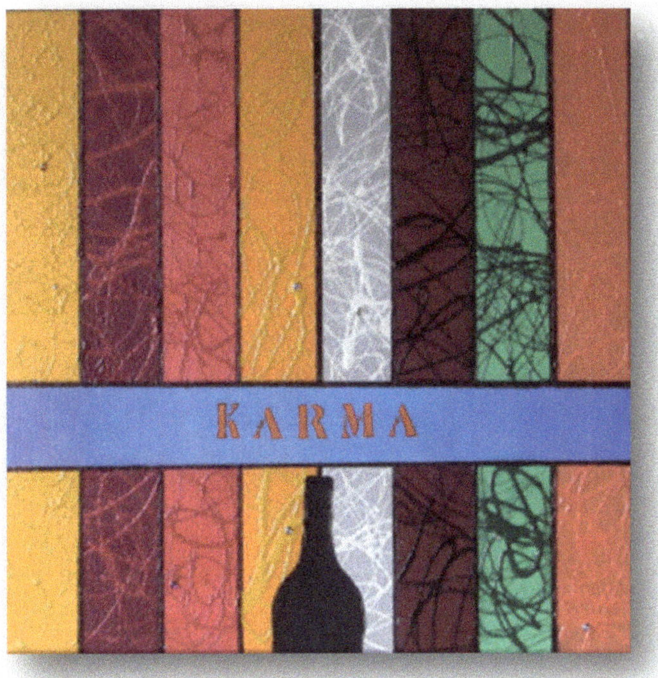

'KARMA' - 40x40 cm - Tecnica mista su tela - 2013

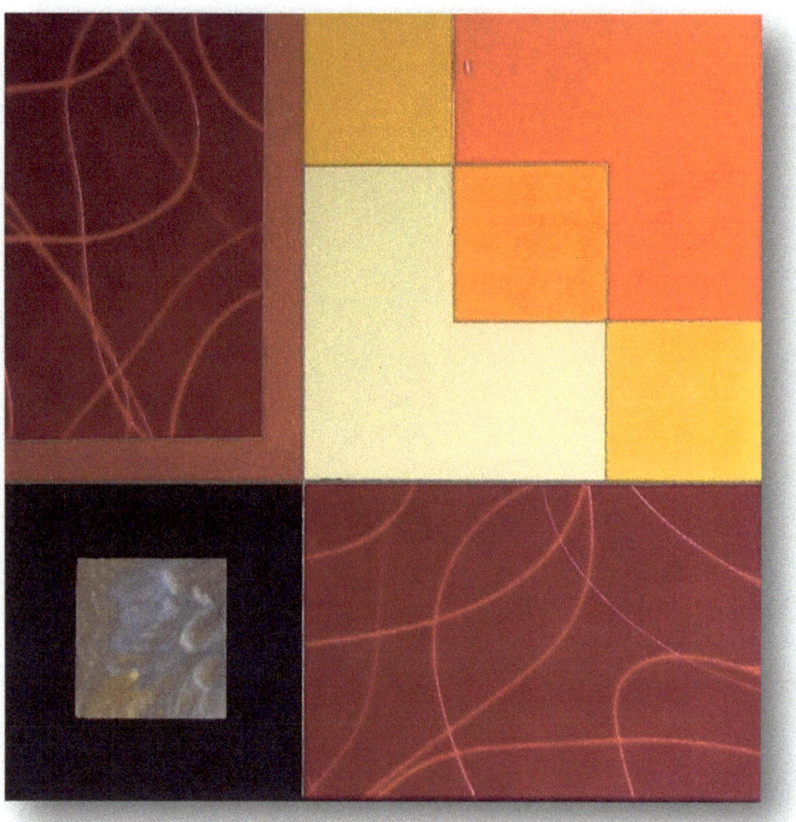

'COMPOSIZIONE AUREA_01' - 50x50 cm - Tecnica mista su tela - 2013

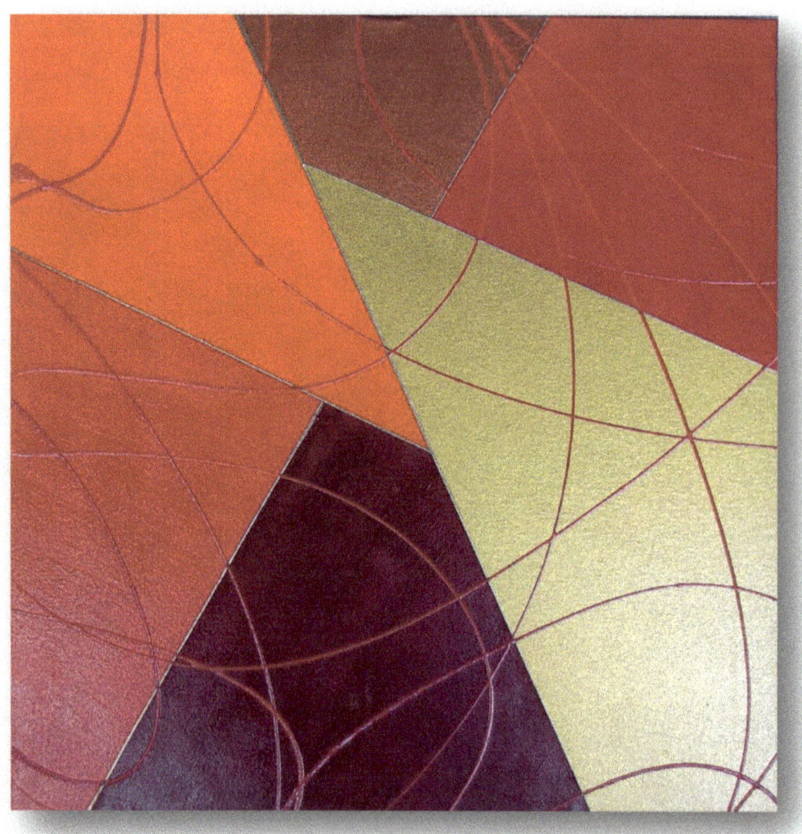

'FIND YOU' - 60x60 cm - Tecnica mista su tela - 2014

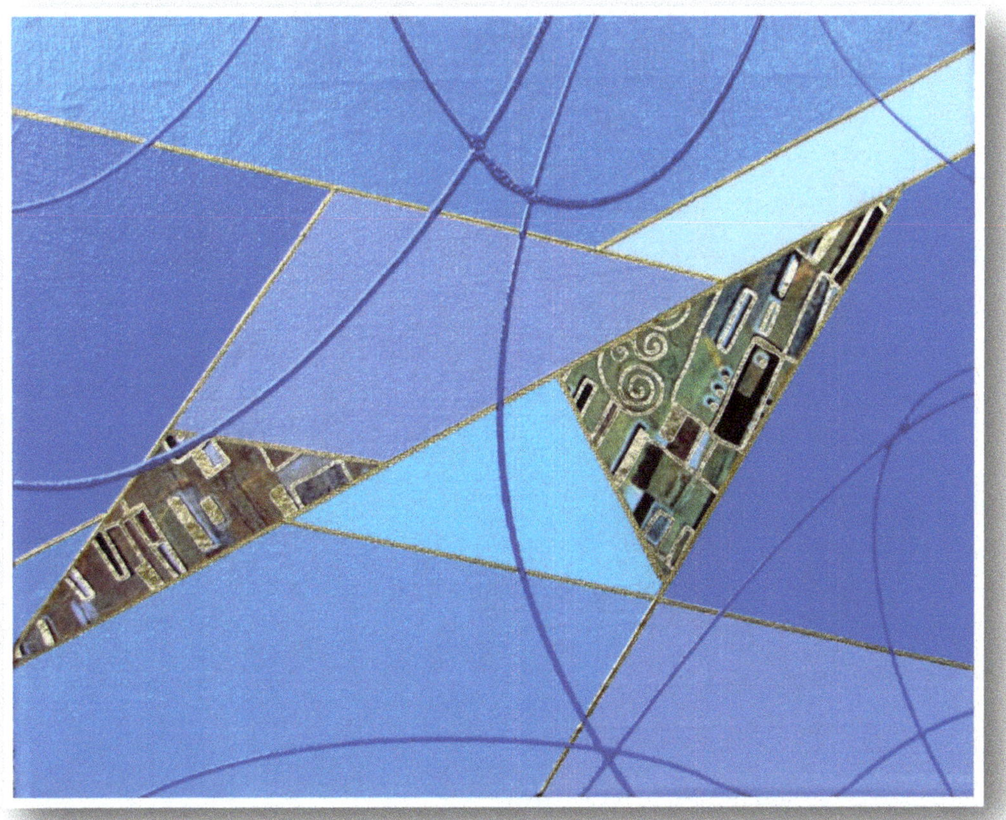

'BLU' - 24x30 cm - Tecnica mista su tela - 2014

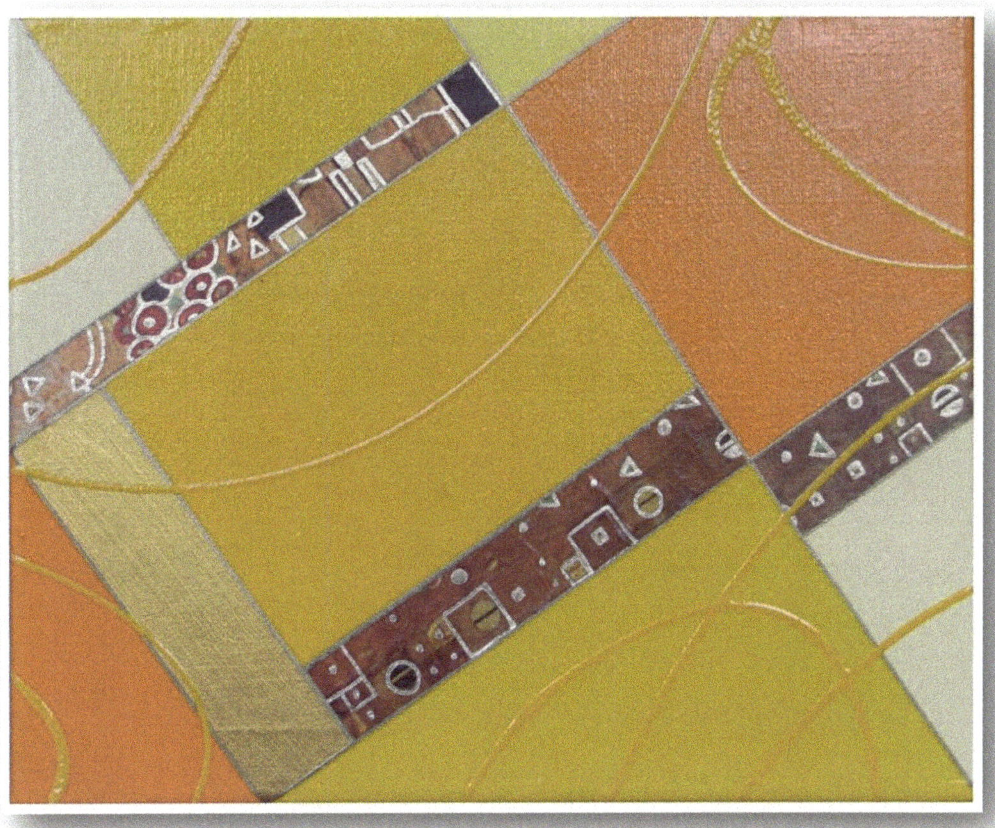

'GIALLO' - 24x30 cm - Tecnica mista su tela - 2014

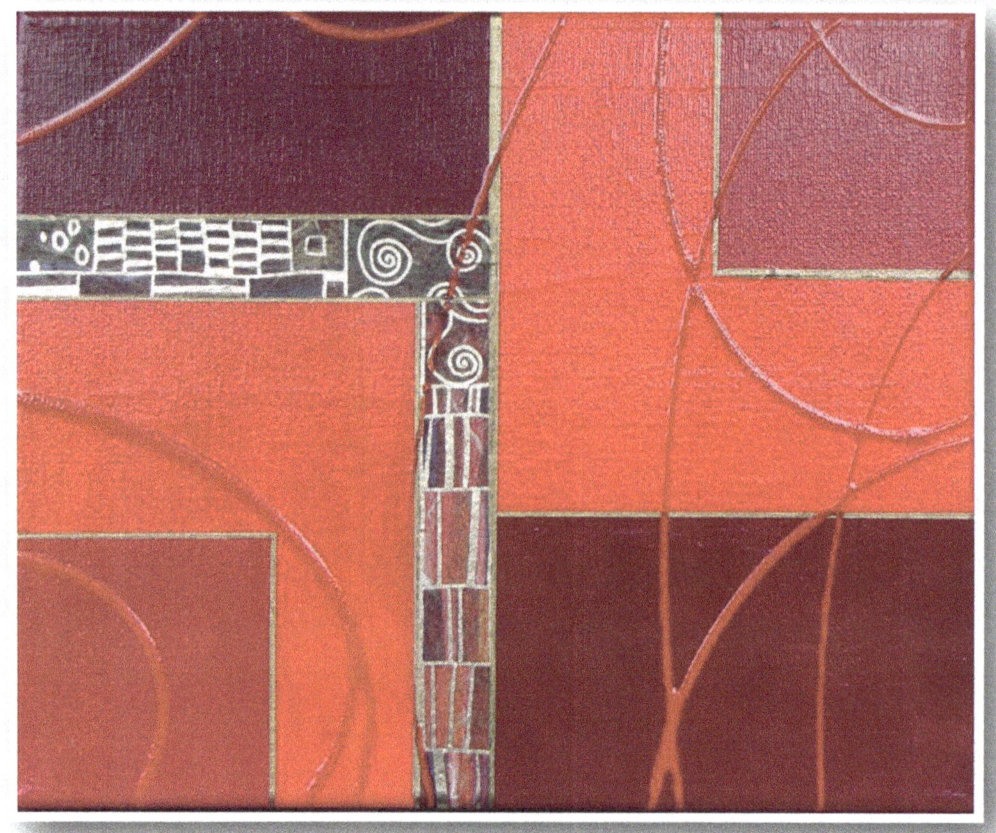

'ROSSO' - 24x30 cm - Tecnica mista su tela - 2014

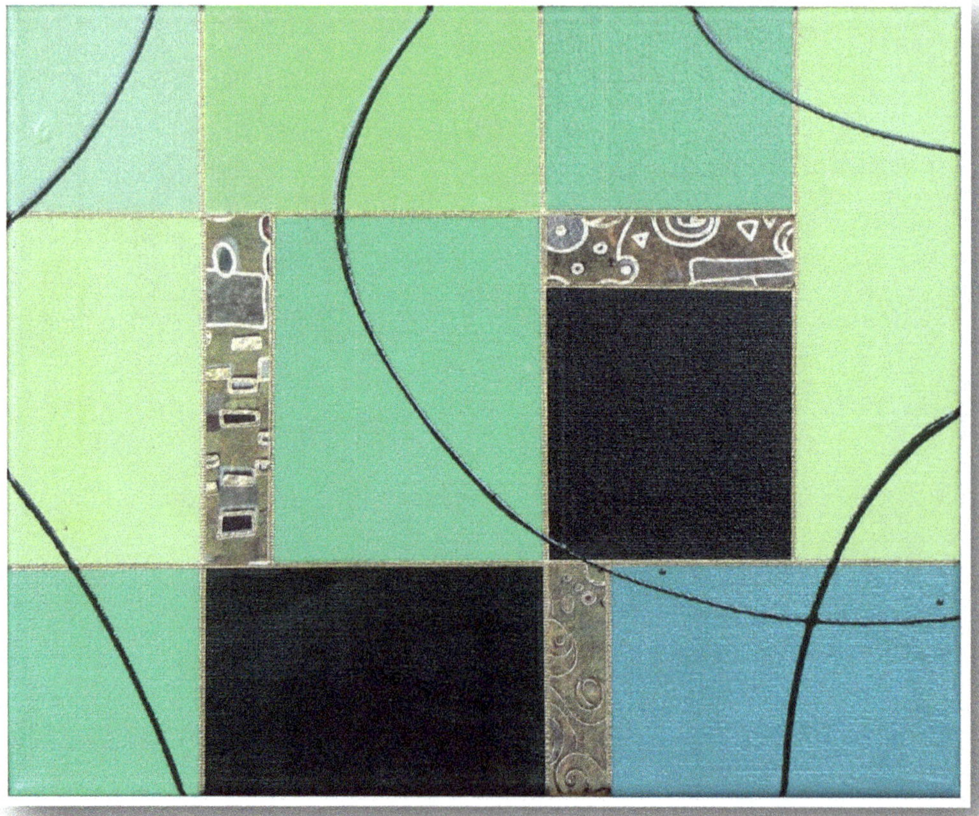

'VERDE' - 24x30 cm - Tecnica mista su tela - 2014

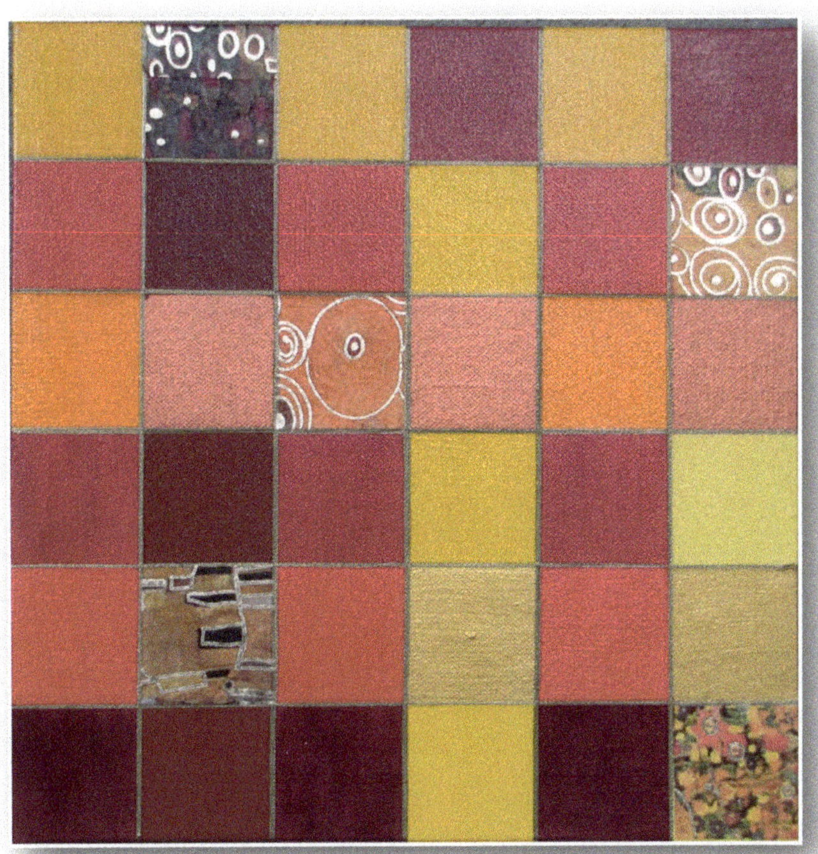

'QUADRATI ROSSI' - 30x30 cm - Tecnica mista su tela - 2014

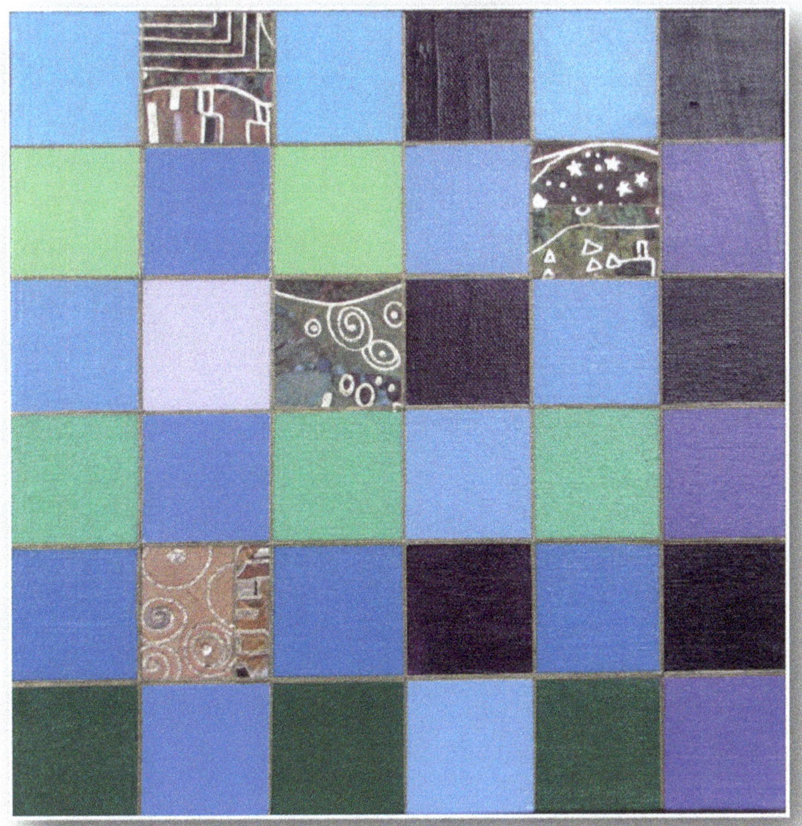

'QUADRATO LILLA' - 30x30 cm - Tecnica mista su tela - 2014

PIASTRELLE D'AUTORE

Piastrelle d'artista in ceramica, serie numerata limitata.
[dimensioni : 10 x 10 cm]

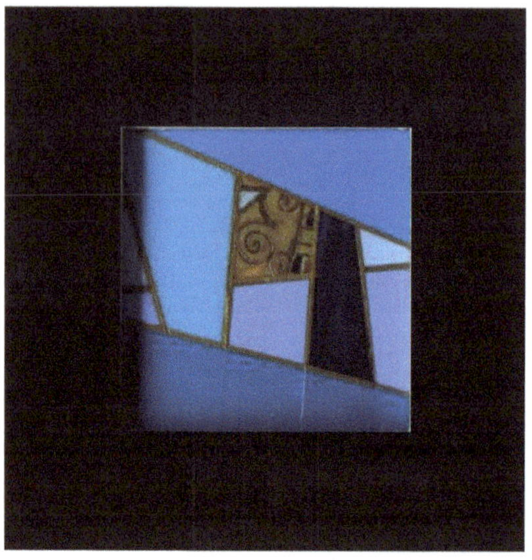 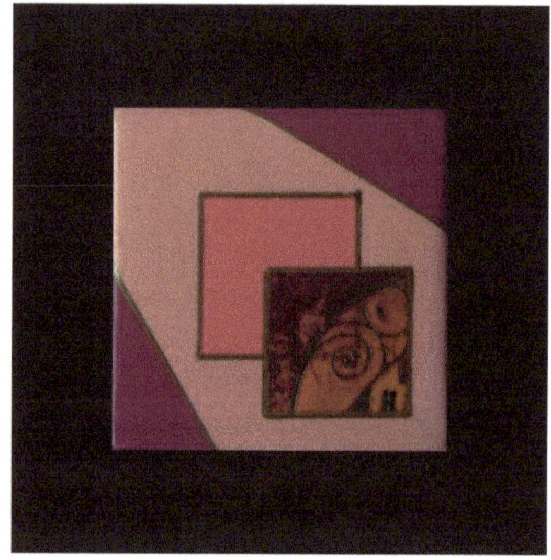

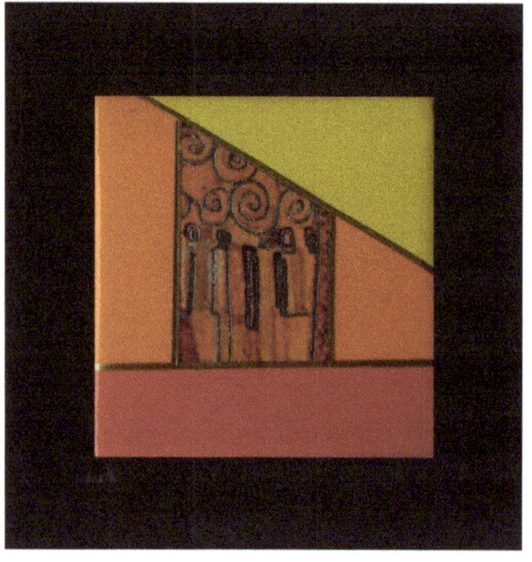 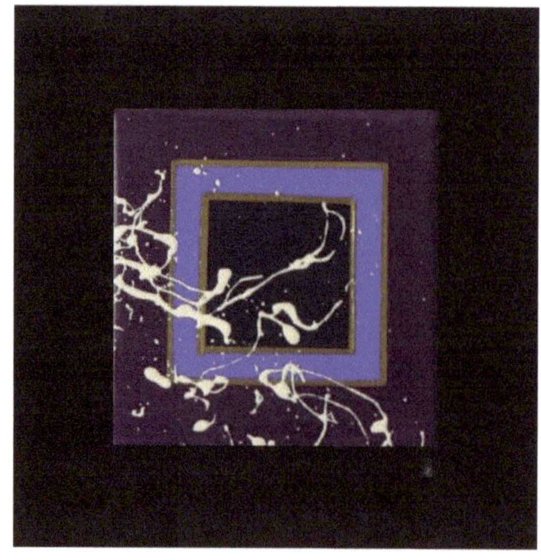

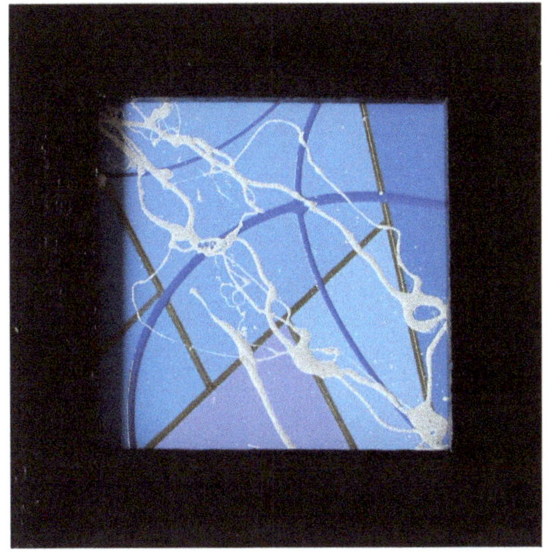
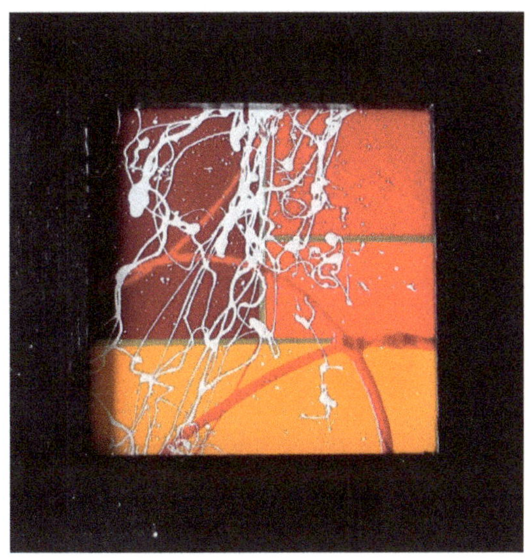
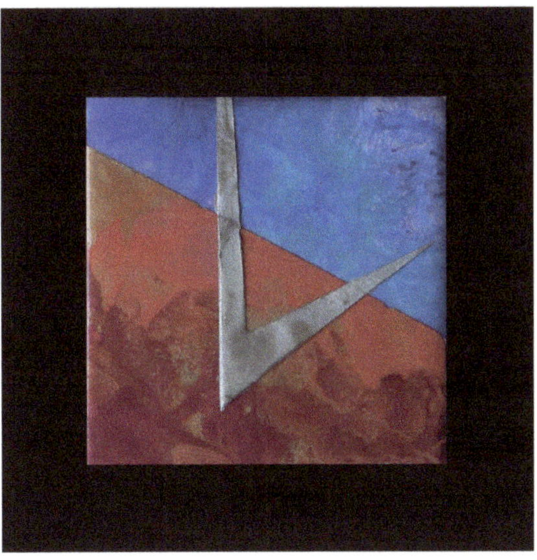
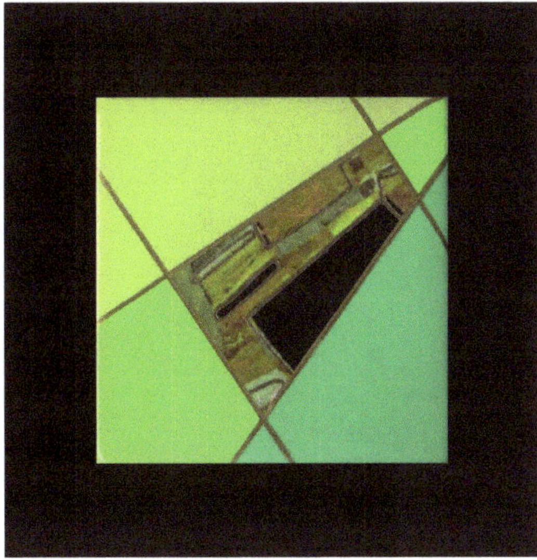

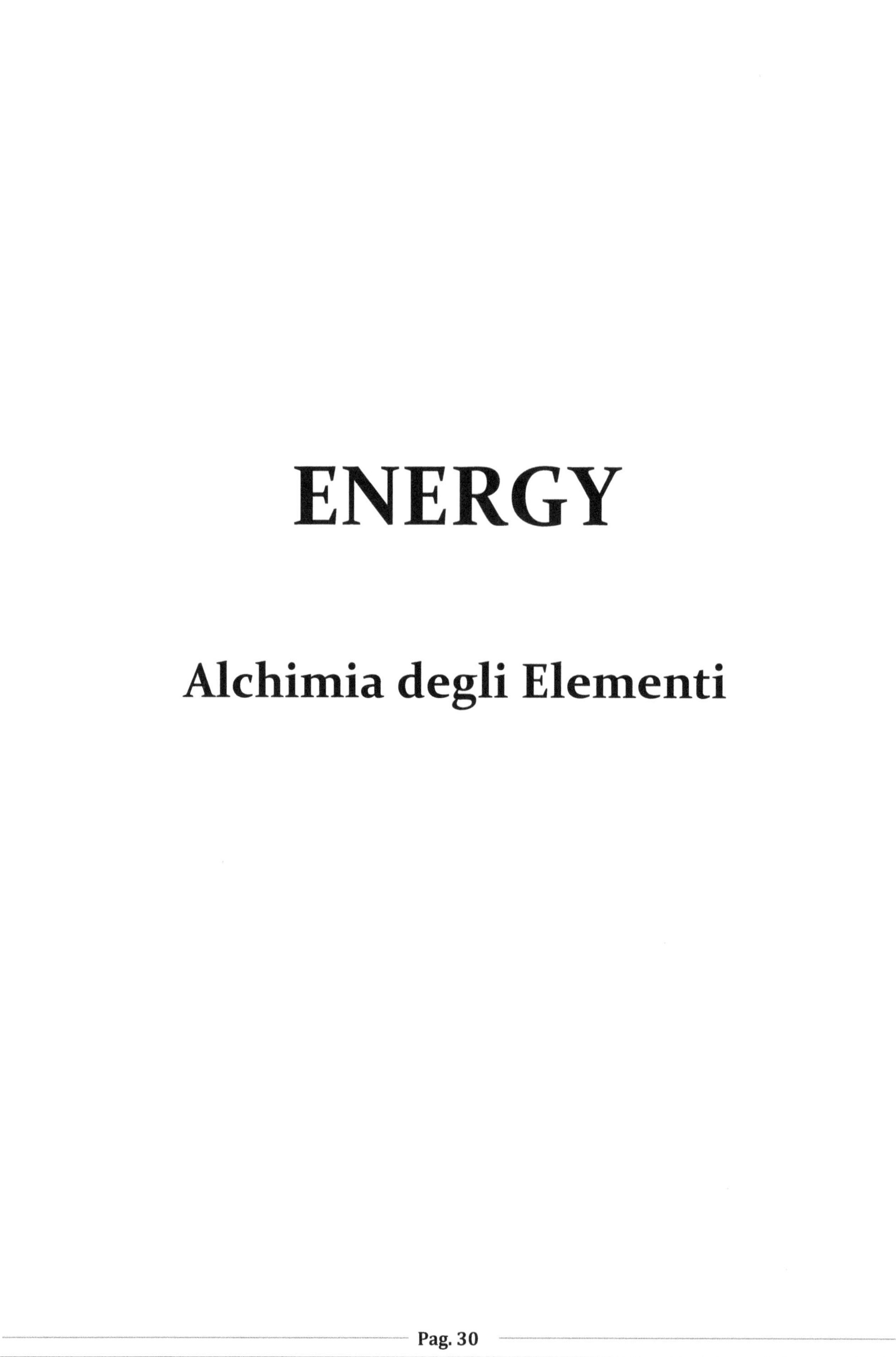

ENERGY
Alchimia degli Elementi

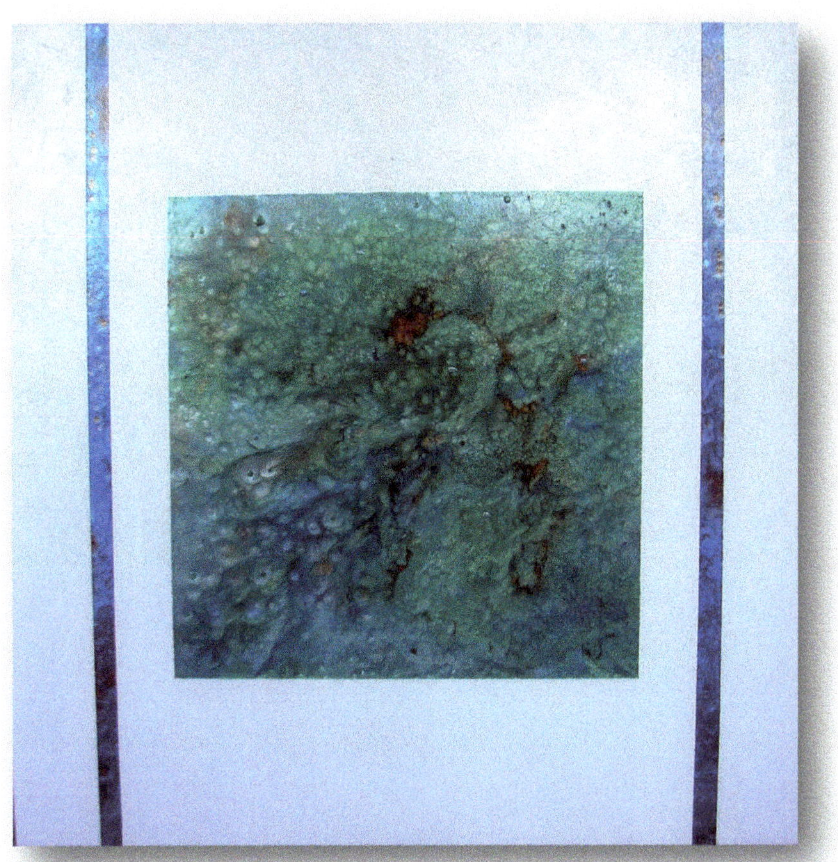

'PIOGGIA ACIDA' - 70x70 cm - Tecnica mista su tela - 2014

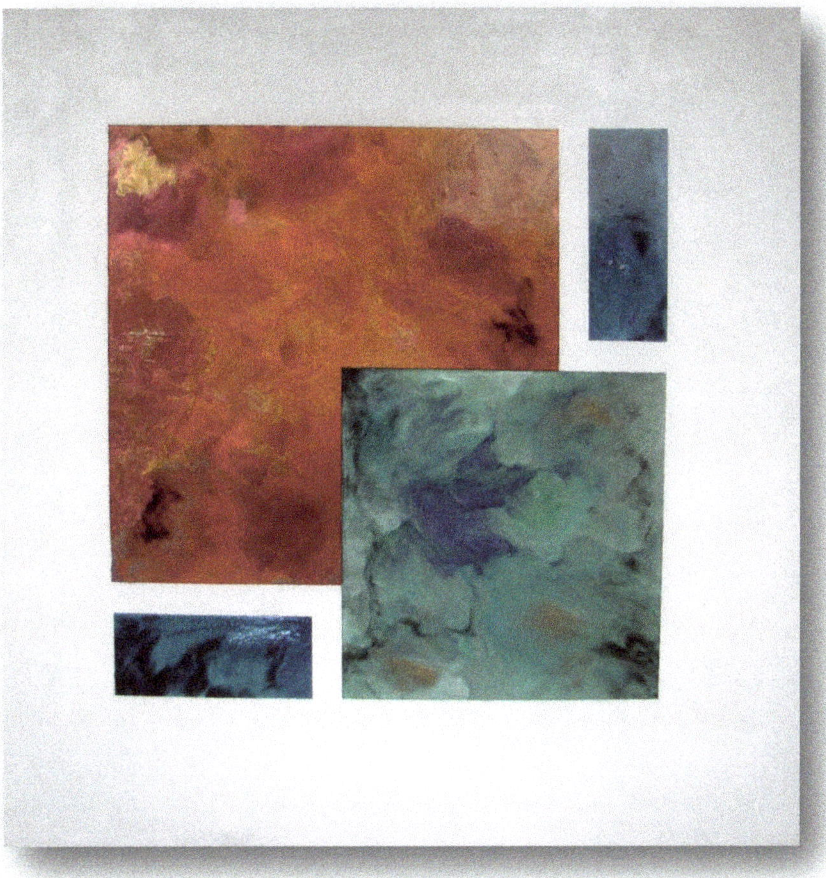

'LINK 01' - 70x70 cm - Tecnica mista su tela - 2014

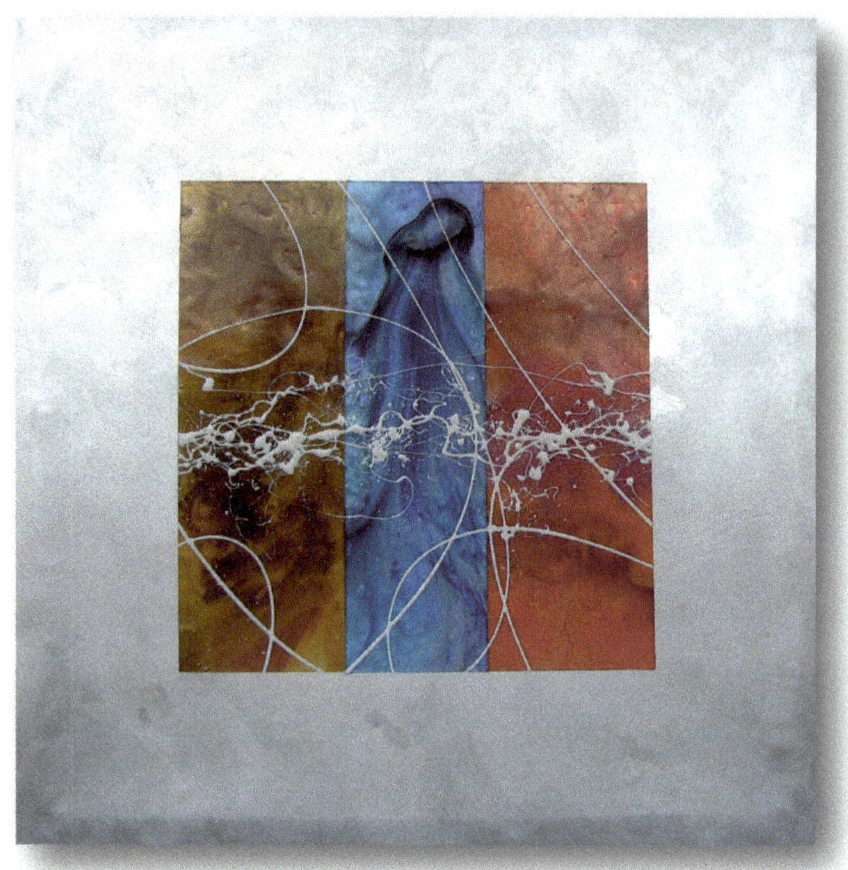

'ONDA D'URTO' - 70x70 cm - Tecnica mista su tela - 2014

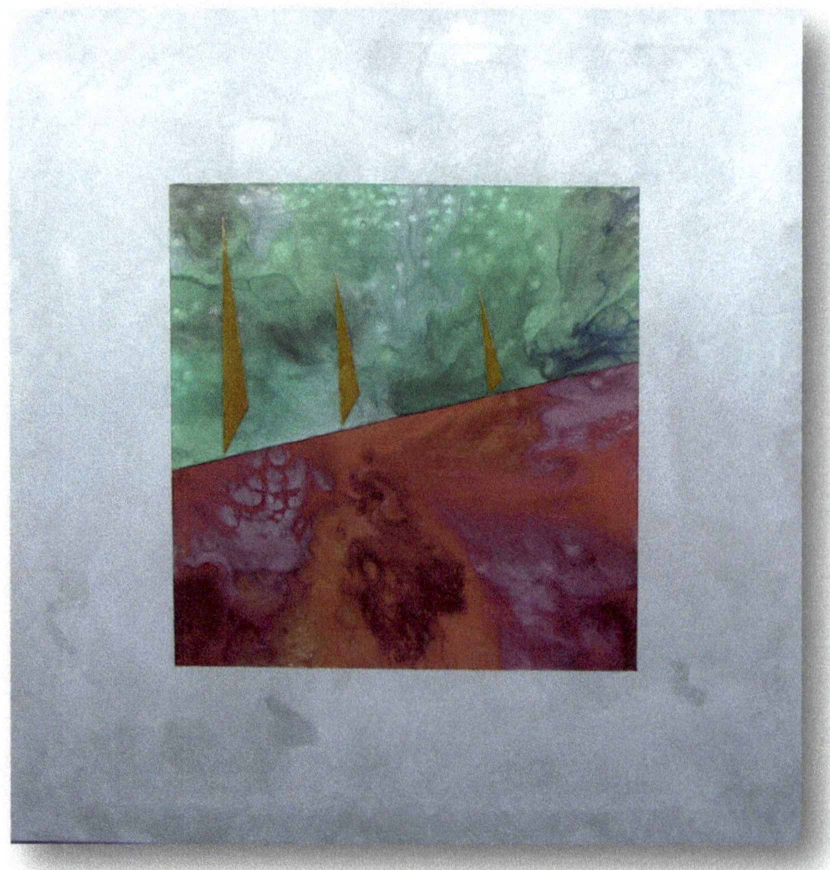

'MONTAGNA' - 70x70 cm - Tecnica mista su tela - 2014

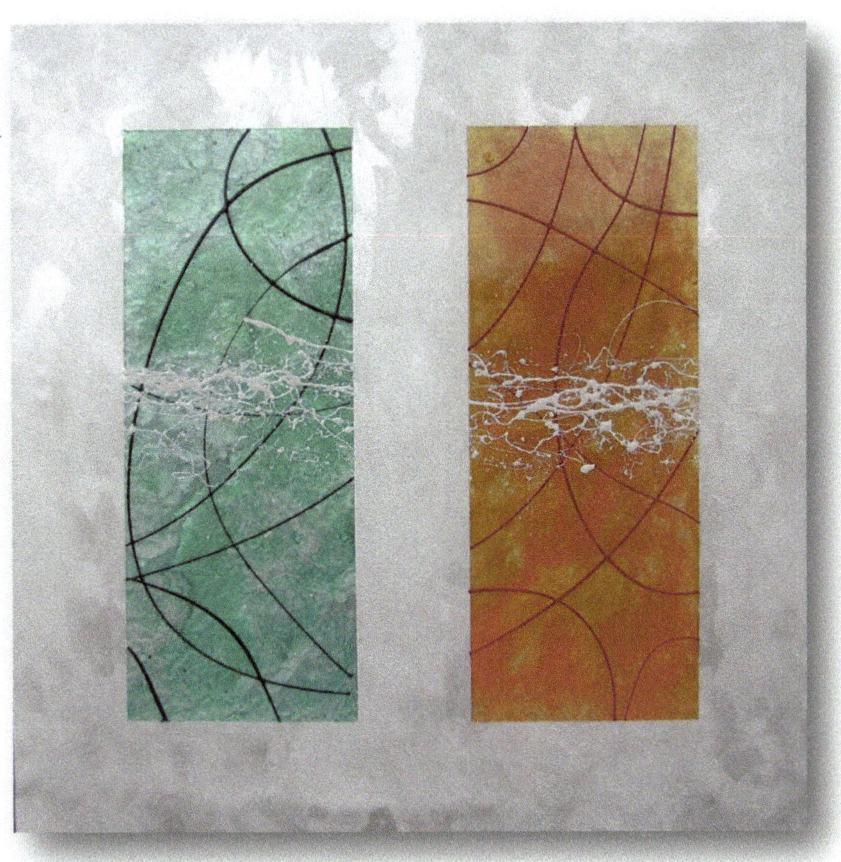

'PINK NOISE' - 70x70 cm - Tecnica mista su tela - 2014

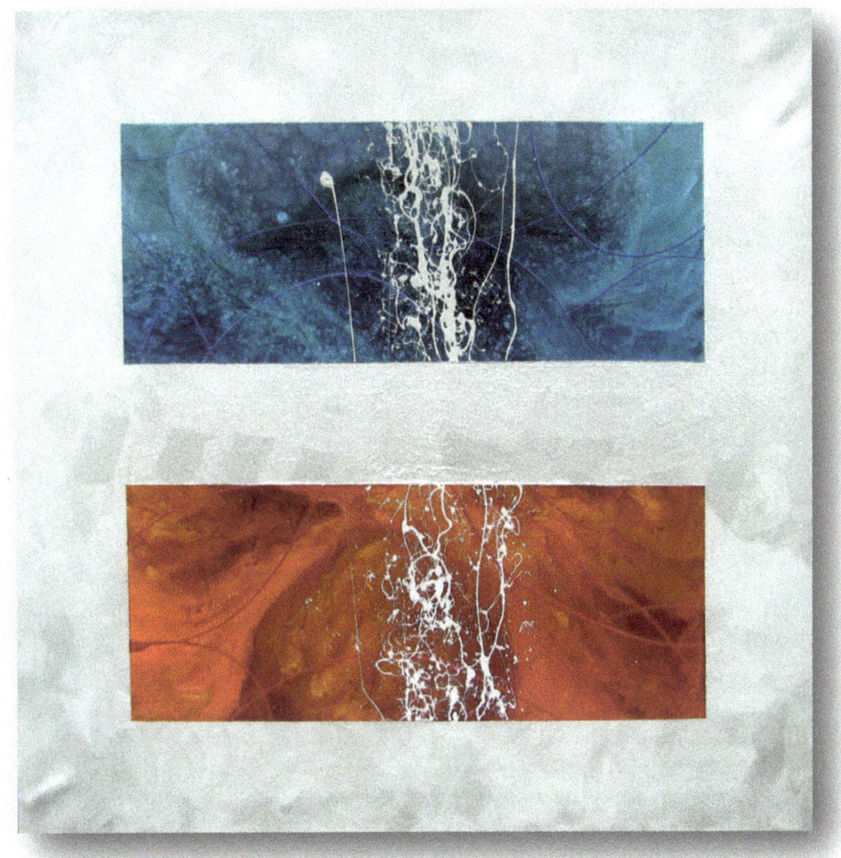

'WHITE NOISE' - 70x70 cm - Tecnica mista su tela - 2014

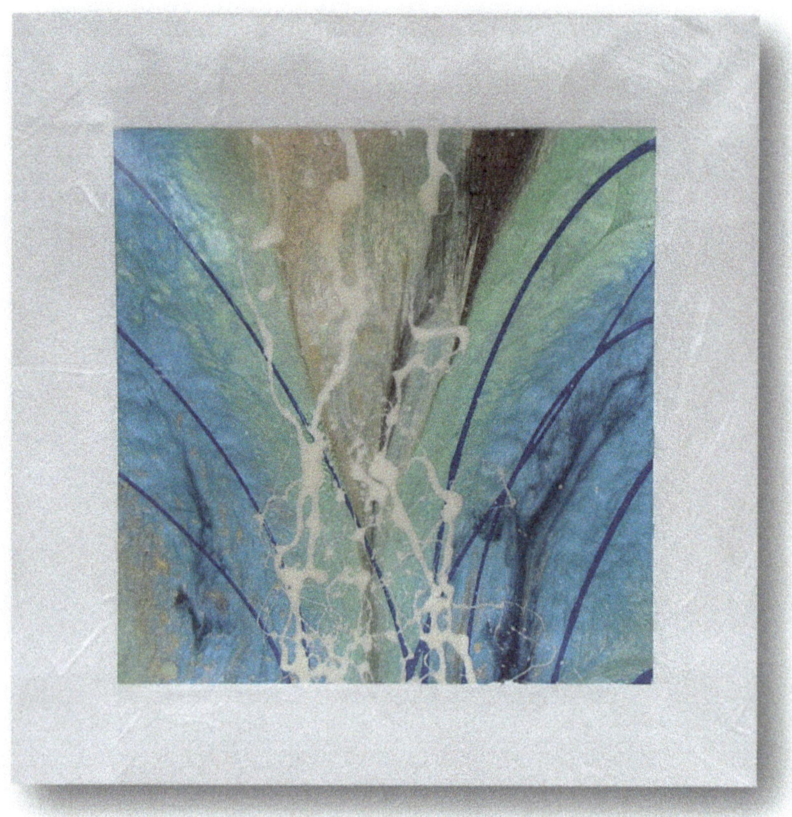

'LIFE' - 30x30 cm - Tecnica mista su tela - 2014

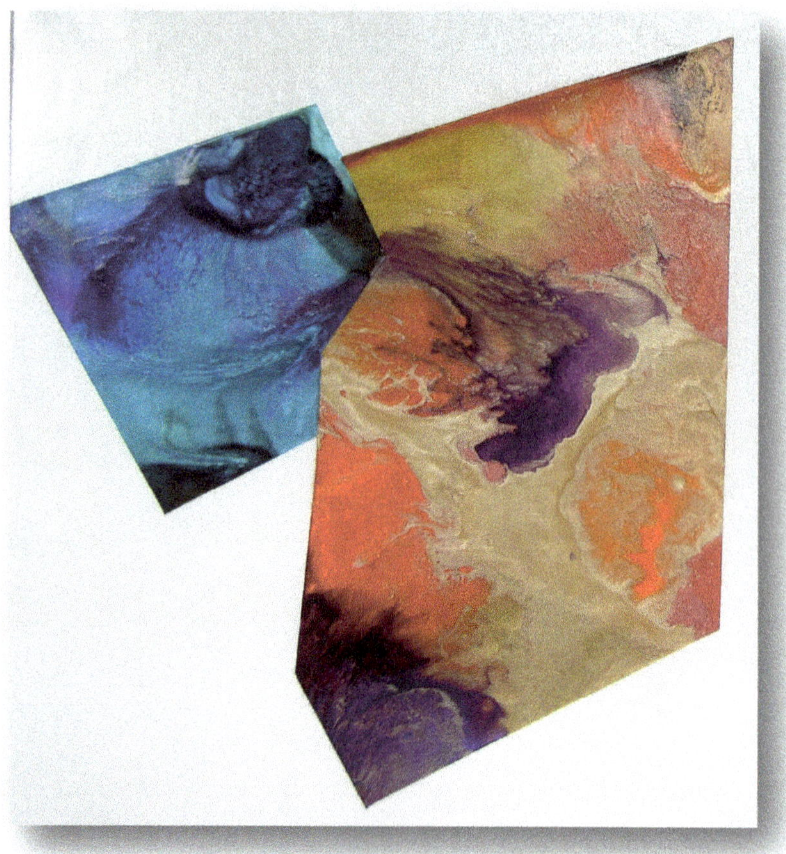

'SH_01' - 50x50 cm - Tecnica mista su tela - 2014

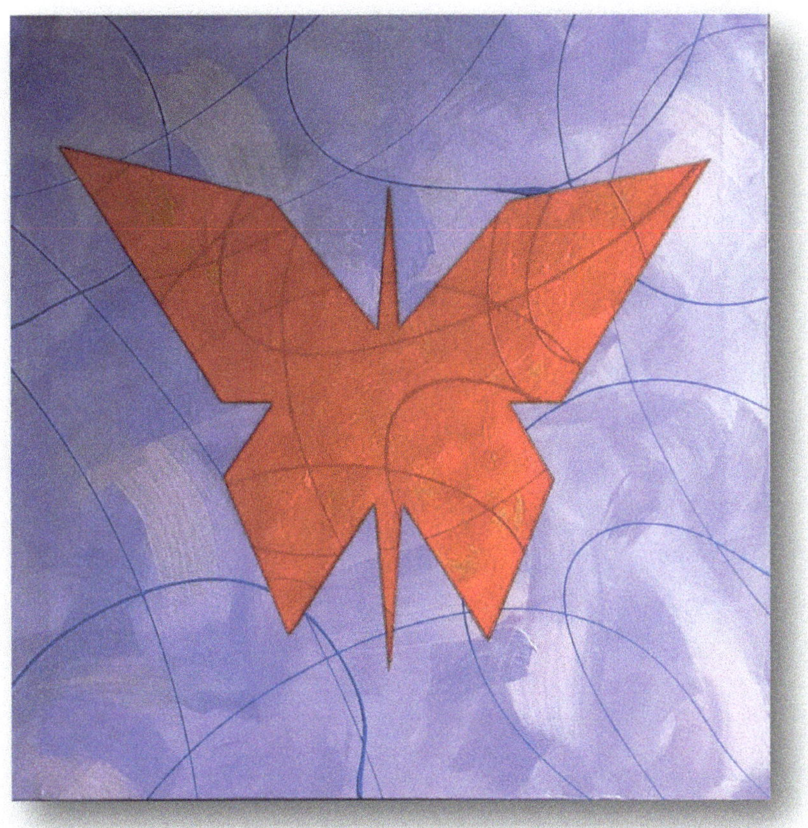

'RED BUTTERFLY' - 70x70 cm - Tecnica mista su tela - 2014

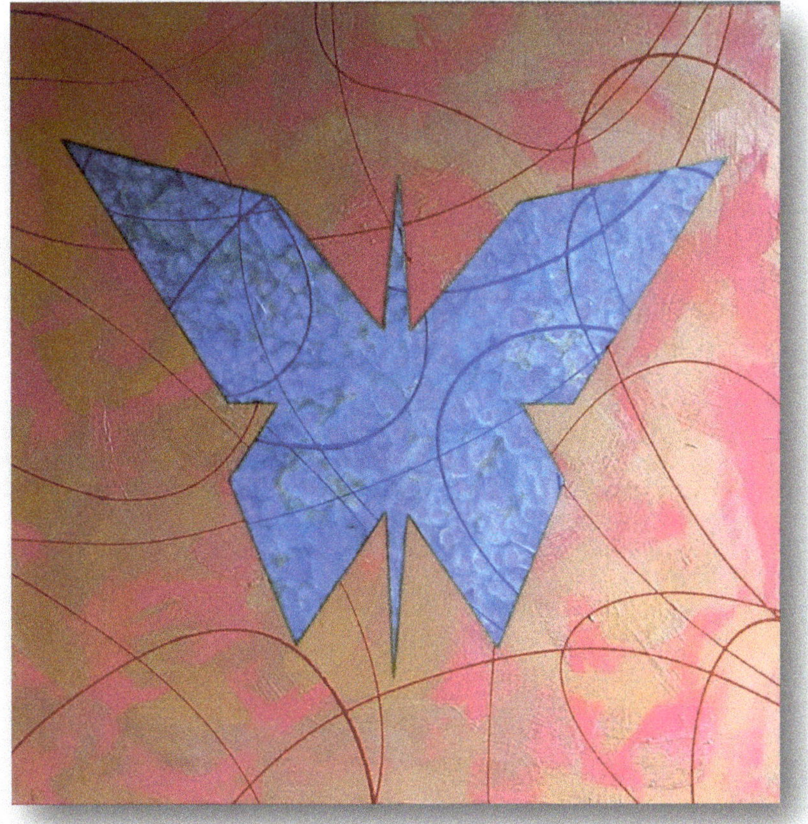

'BLUE BUTTERFLY' - 70x70 cm - Tecnica mista su tela - 2014

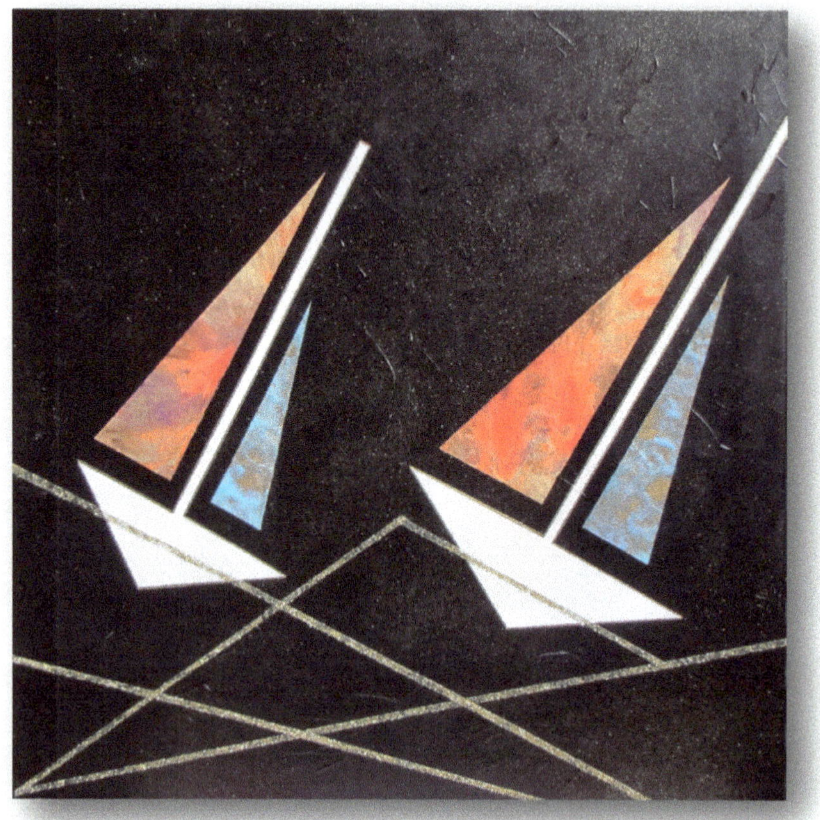

'REGATA BY NIGHT' - 70x70 cm - Tecnica mista su tela - 2014

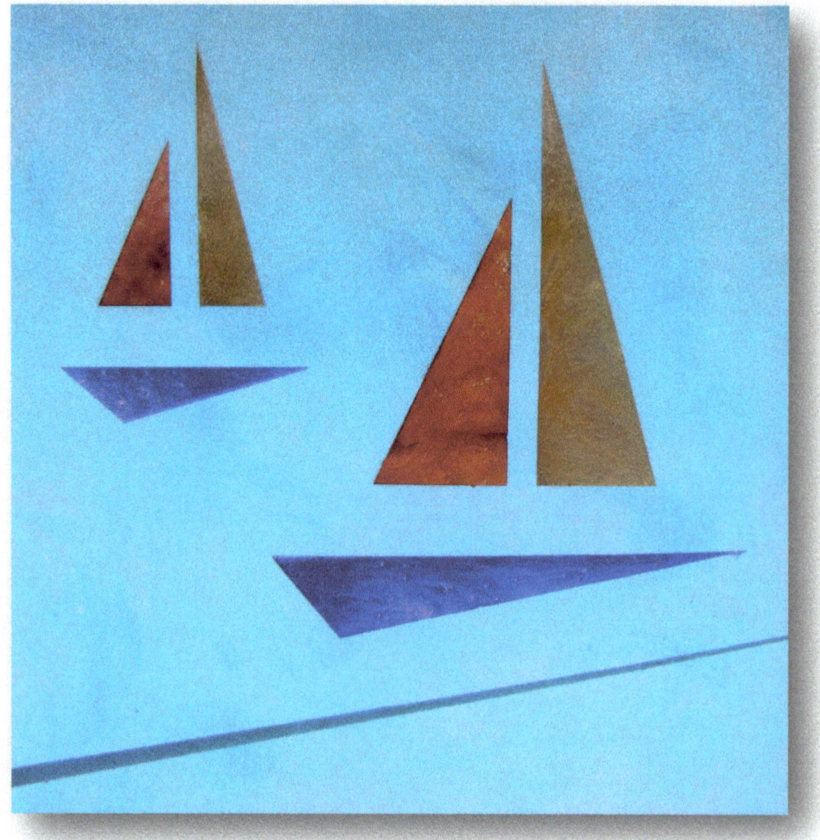

'REGATA' - 70x70 cm - Tecnica mista su tela - 2014

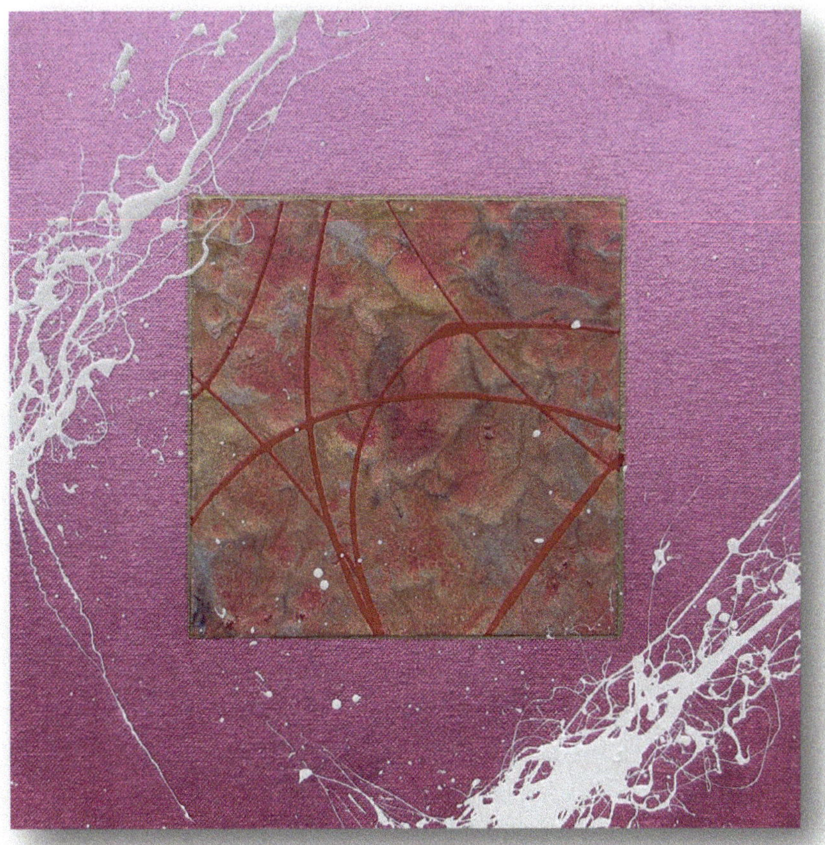

'LADY' - 20x20 cm - Tecnica mista su tela - 2014

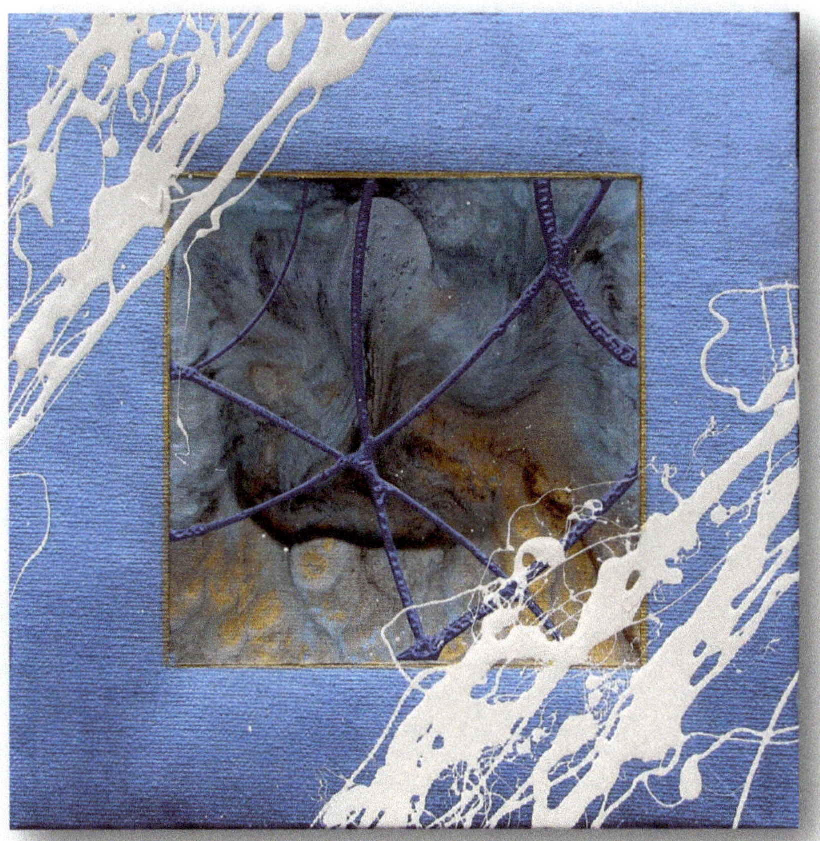

'OCEAN' - 20x20 cm - Tecnica mista su tela - 2014

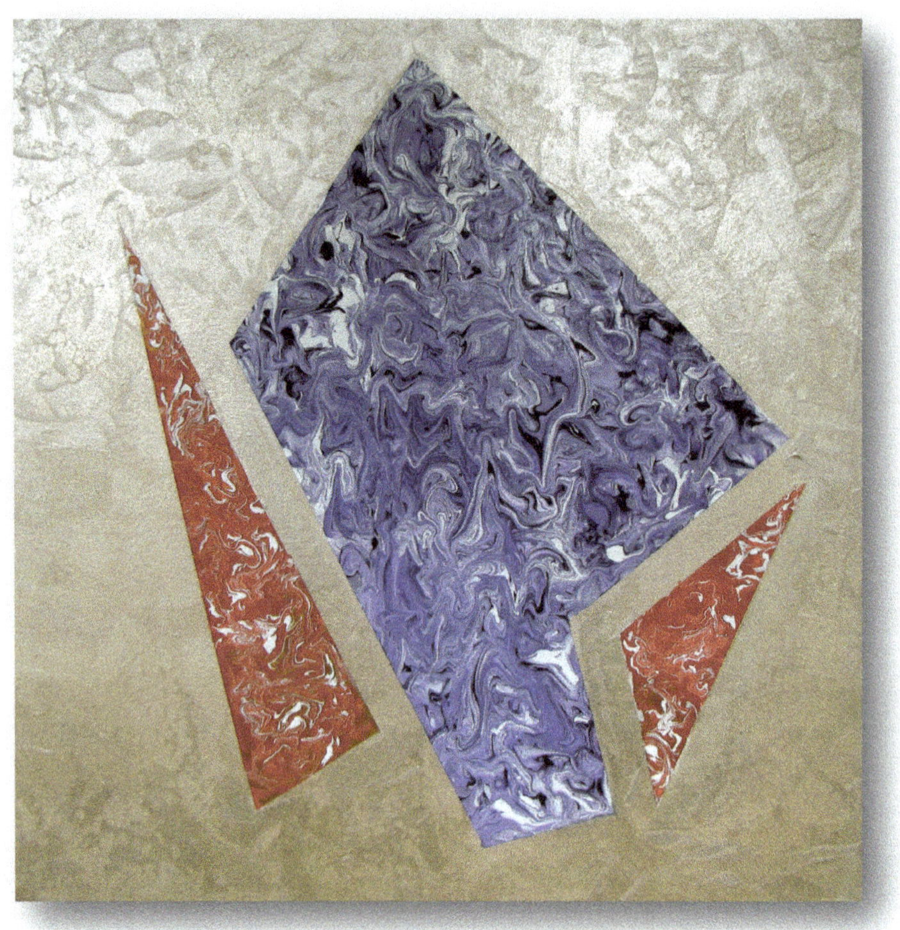

'PHANTOM' - 70x70 cm - Tecnica mista su tela - 2014

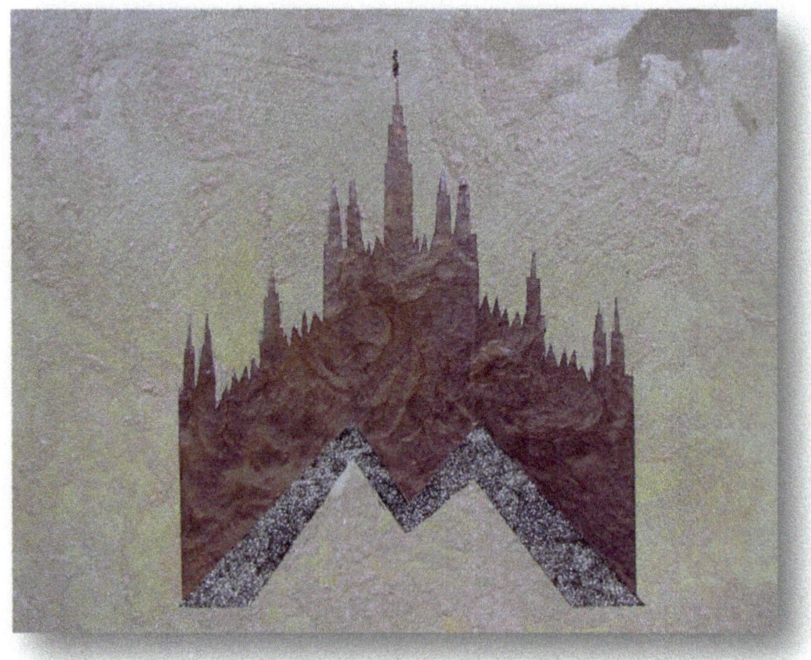

'MILANO & MODA ' - 40x50 cm - Tecnica mista su tela - 2014

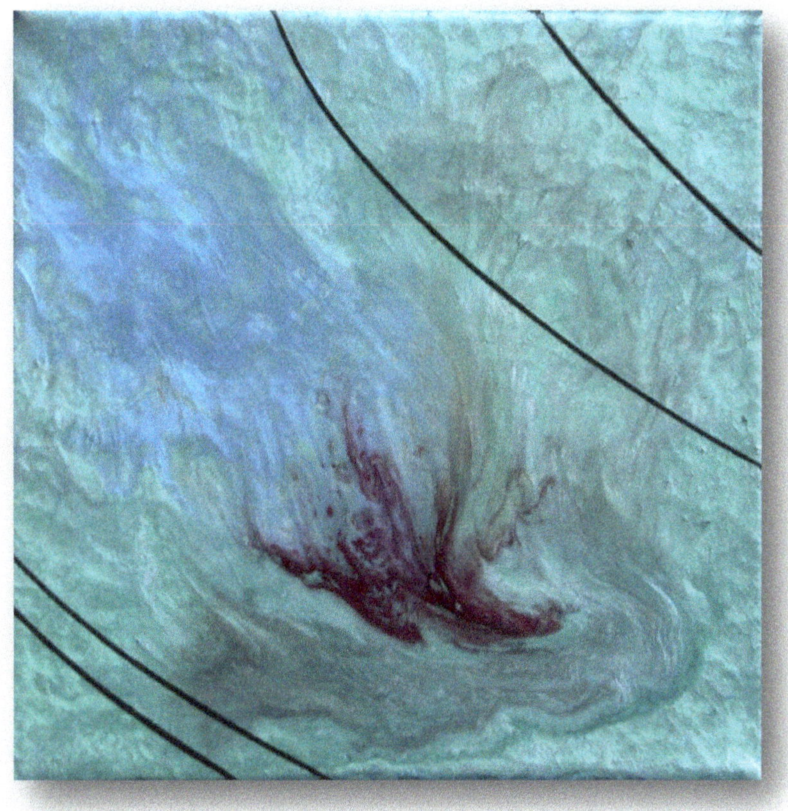

'FALO' - 20x20 cm - Tecnica mista su tela - 2014

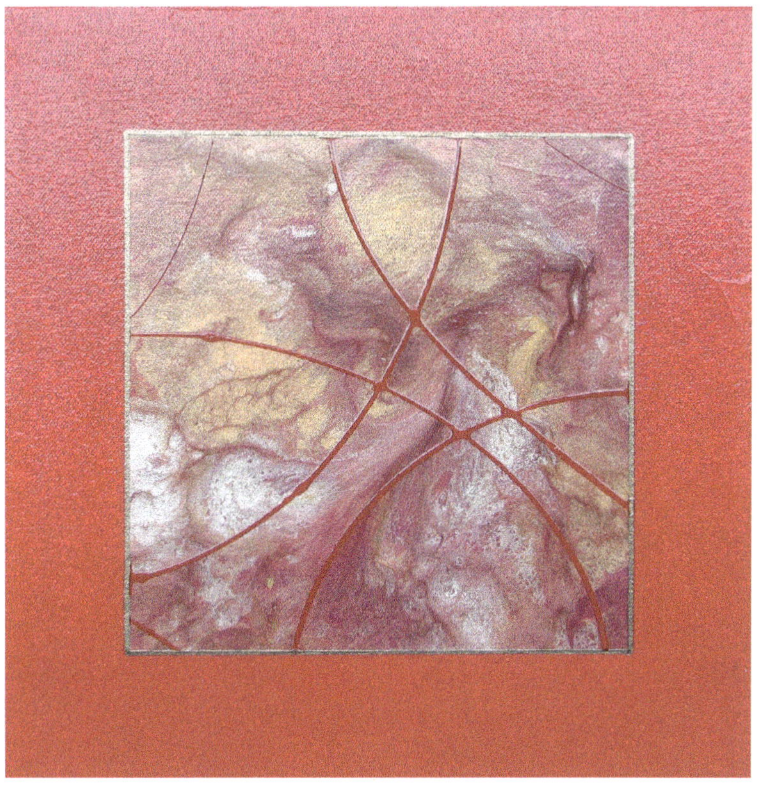

'VULCANO' - 20x20 cm - Tecnica mista su tela - 2014

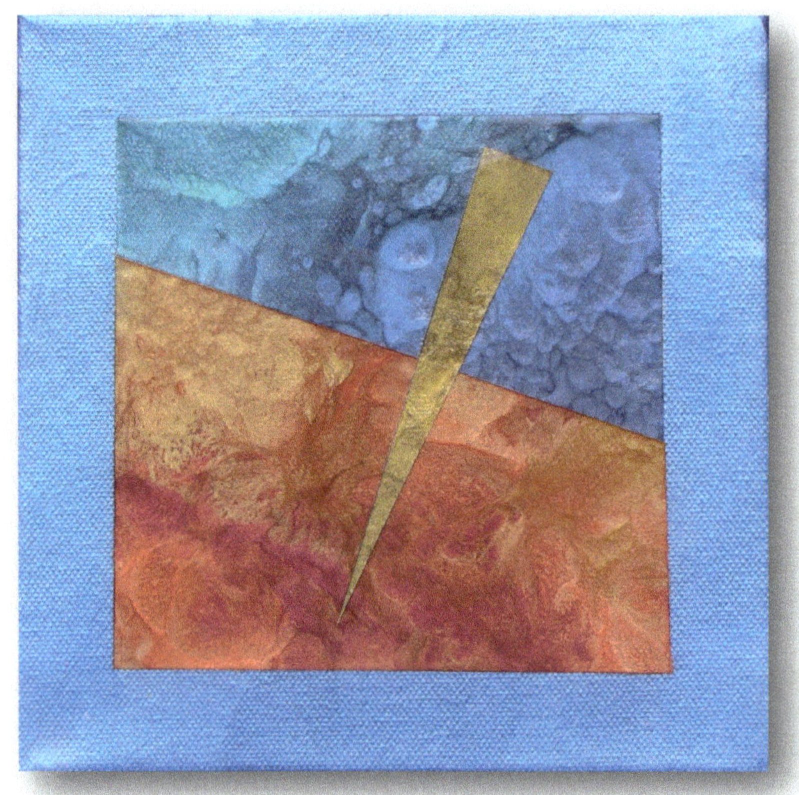

'KNIFE' - 15x15 cm - Tecnica mista su tela - 2014

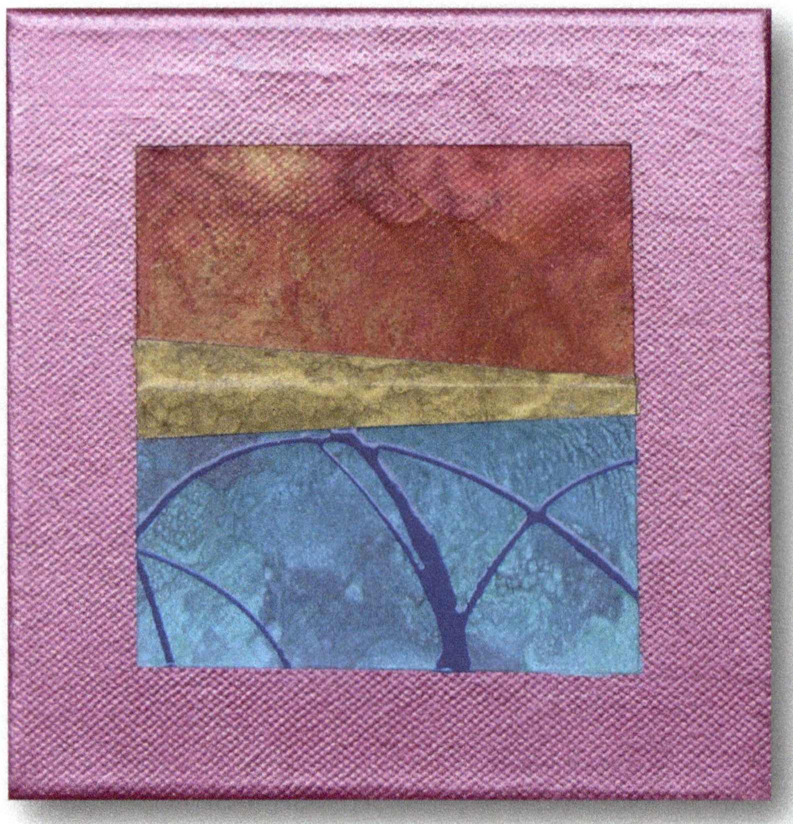

'NEWAGE' - 15x15 cm - Tecnica mista su tela - 2014

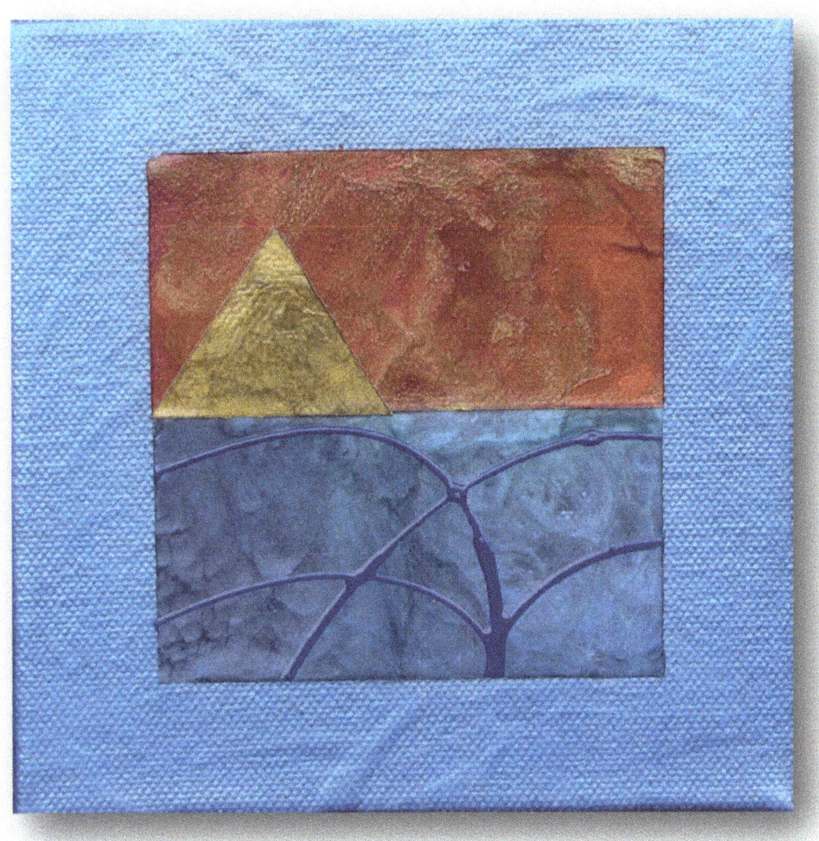

'PIRAMIDE' - 15x15 cm - Tecnica mista su tela - 2014

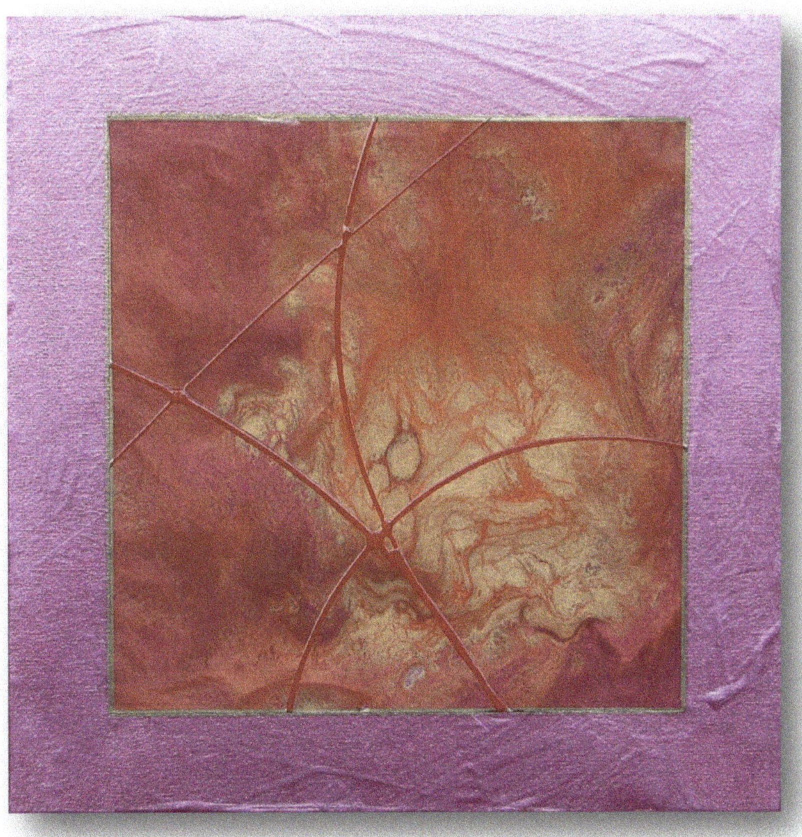

'LAVA' - 20x20 cm - Tecnica mista su tela - 2014

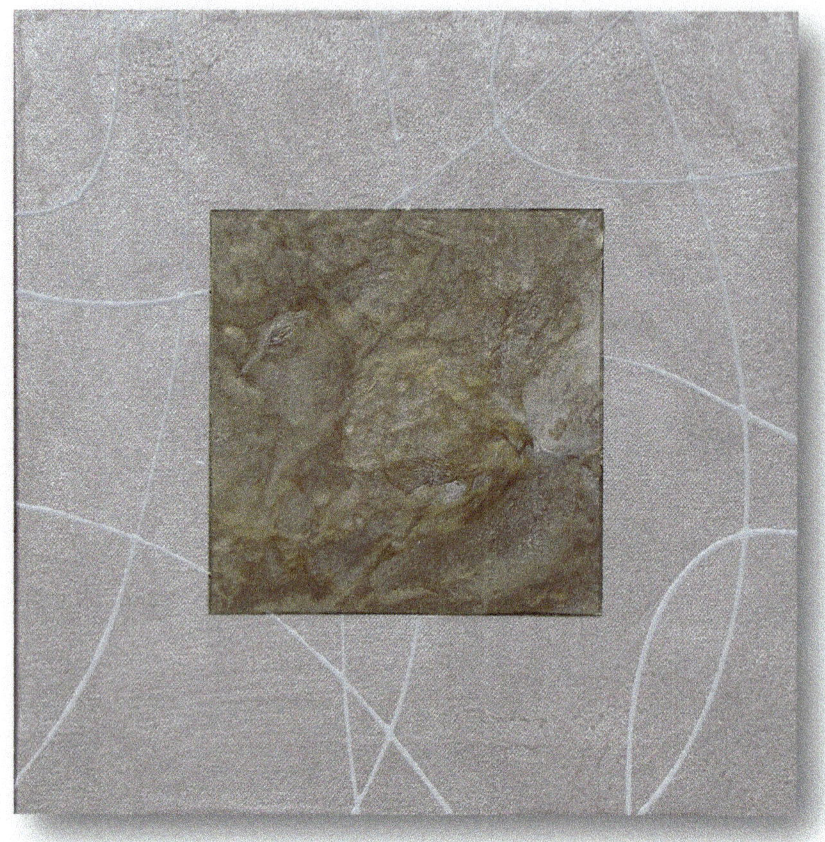

'GOLD' - 30x30 cm - Tecnica mista su tela - 2014

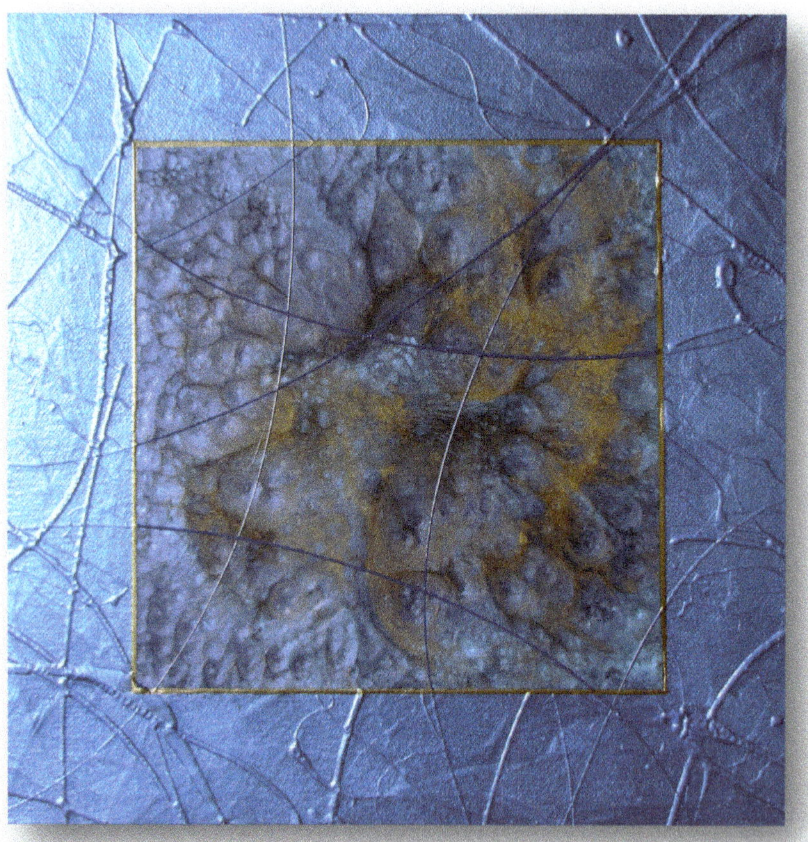

'OCEANO' - 30x30 cm - Tecnica mista su tela - 2014

'ROUND'

Tecnica mista su vinili Lp - diam. 30 cm

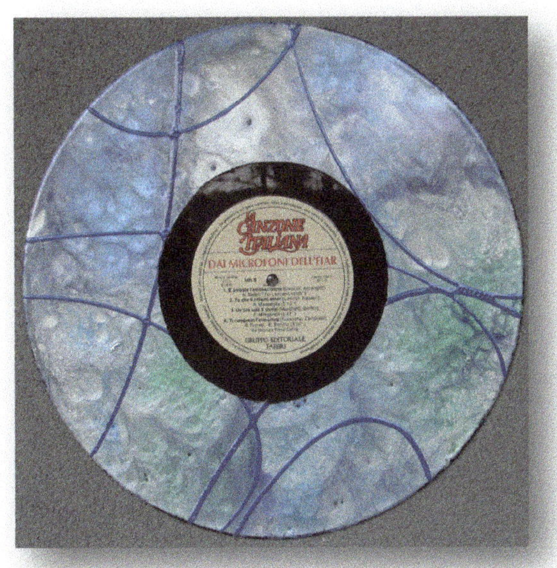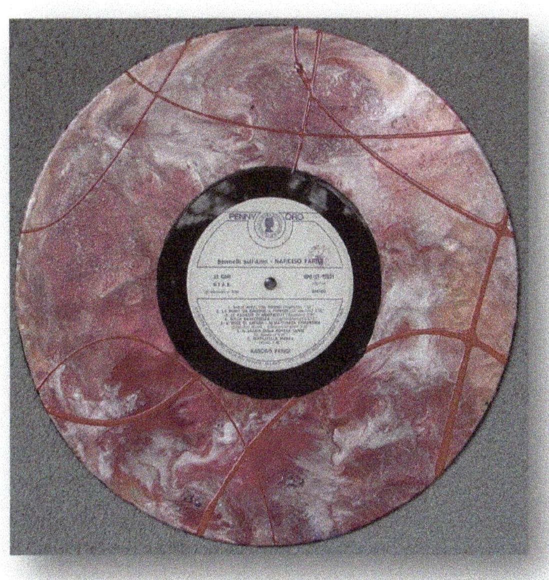

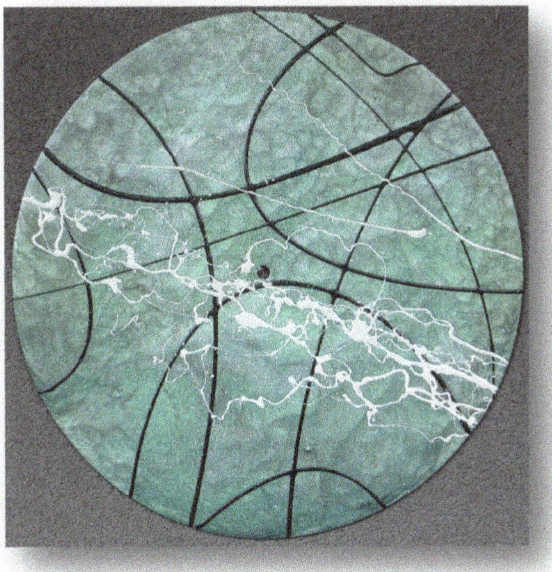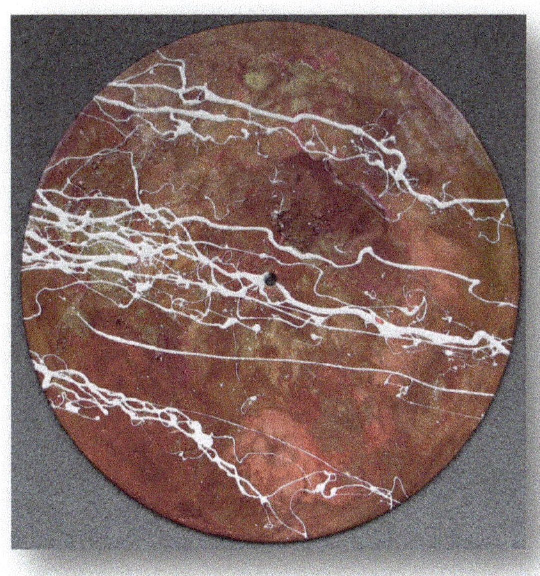

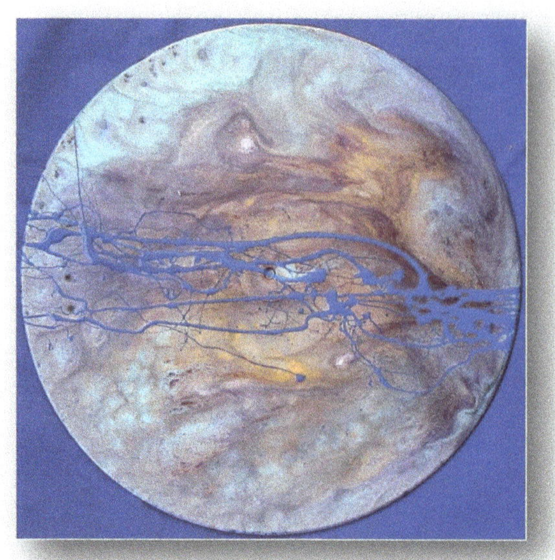

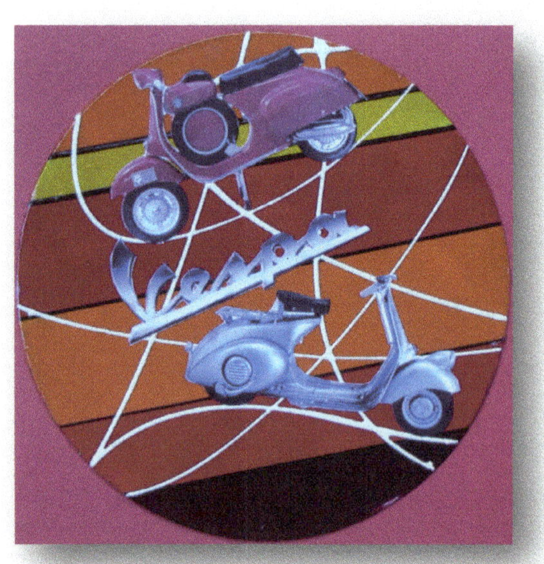
Vespa

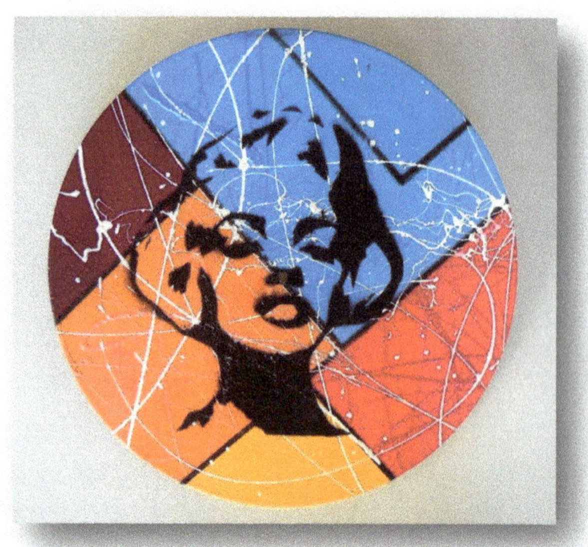

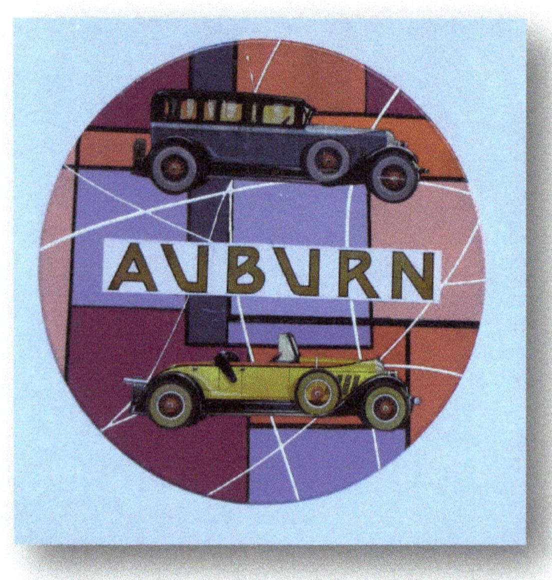
AUBURN

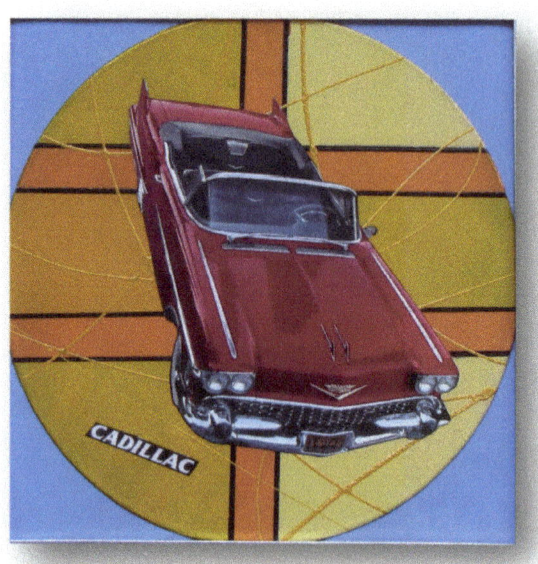
CADILLAC

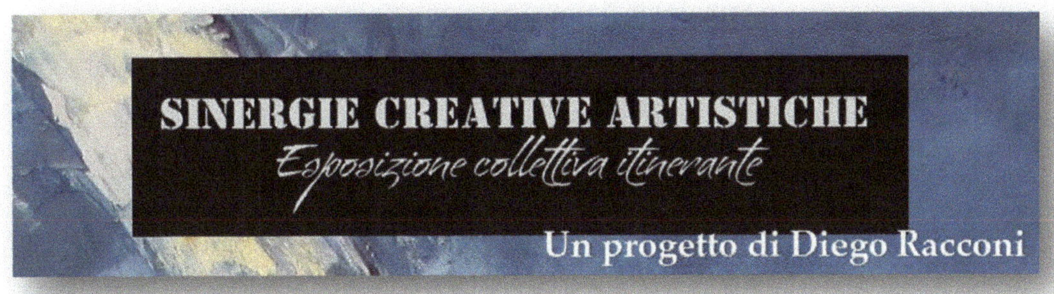

ESPOSIZIONE COLLETTIVA ITINERANTE OPERE REALIZZATE IN COMPARTECIPAZIONE ARTISTICA

Un progetto ideato, organizzato e promosso da Diego Racconi.
Il progetto SINERGIE CREATIVE ARTISTICHE, patrocinato dalla Provincia di Milano, nasce dal desiderio di unire il talento dell'artista Diego Racconi con l'estro creativo di molti altri autori, interagendo sulla tela e amalgamando tecniche e stili diversi, tramite la realizzazione di opere in compartecipazione artistica.

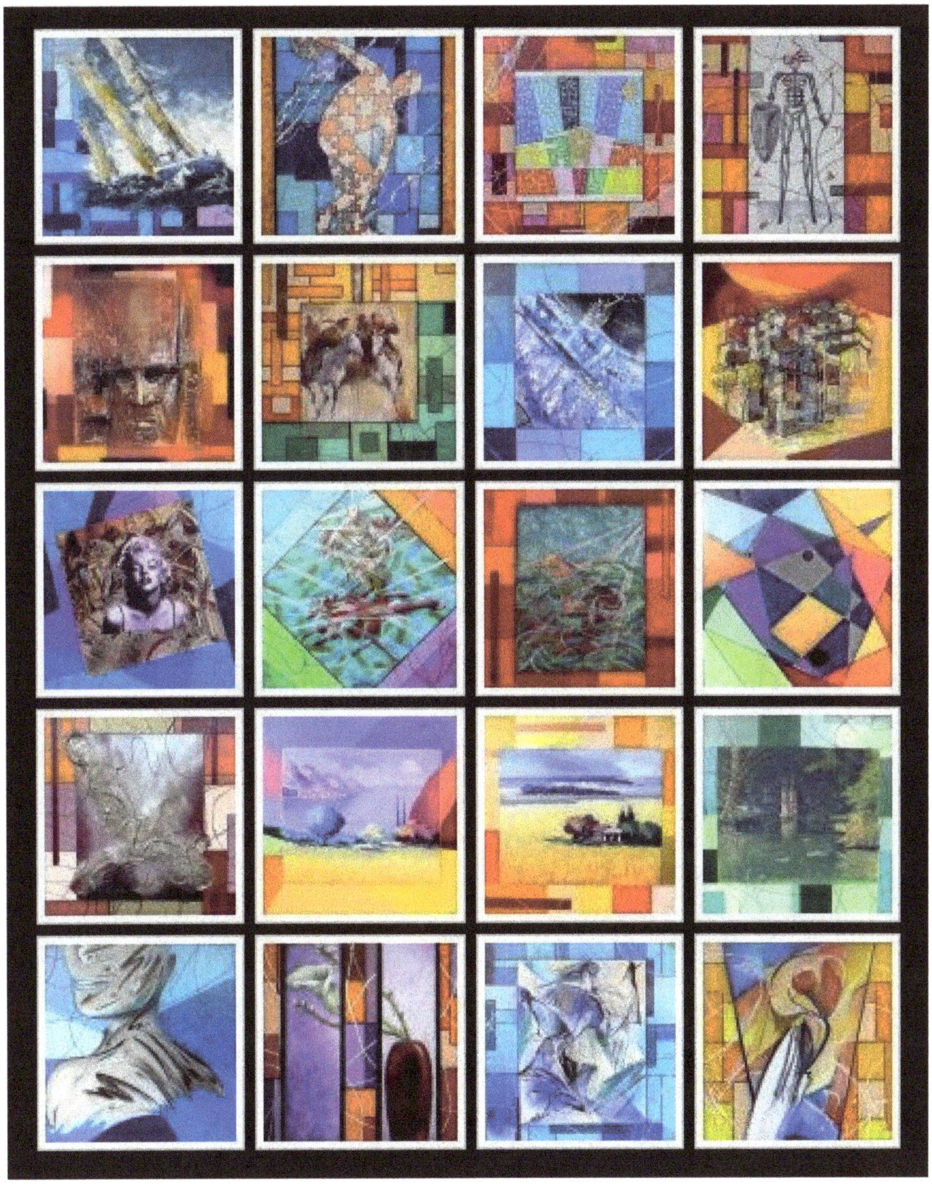

Press

DUE SETTIMANE A SUPERMILANO — Proseguono le iniziative

Pittura e divertimento «mini»

GARBAGNATE MILANESE (asr) Una mostra di pittura e un'intera giornata dedicata ai bambini. E' questo il menu del secondo weekend di Due settimane a Supermilano, la grande maratona culturale promossa dal Comune di Garbagnate in collaborazione con il polo Insieme Groane. Sabato 5 aprile, alle 17.30, alla Saletta di via Ugo Foscolo, sarà inaugurata l'esposizione personale «Diego Racconi & friends» nella quale l'artista presenterà le nuove opere della serie geometrie astratte. Parallelamente continua l'esposizione collettiva itinerante «Sinergie creative artistiche» realizzate a quattro mani dal **Diego Racconi** insieme ad altri colleghi. Domenica 6 aprile, l'appuntamento è alla biblioteca comunale di Corte Valenti (in via Monza 12) per l'iniziativa «Sotto un albero giramondo»: pranzo, giochi, laboratori e letture per bambini di età compresa tra i 5 e i 9 anni e per le loro famiglie. Alle 12.30 quanti si sono prenotati entro il termine del 28 marzo parteciperanno al pranzo con animazione comica a cura

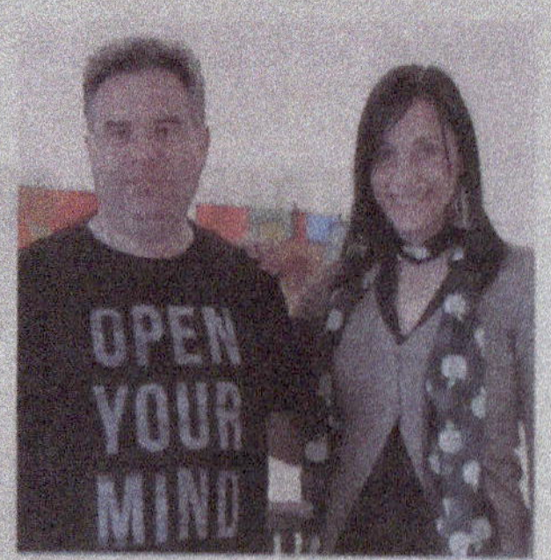

L'artista Diego Racconi

di Erewhon. Dalle 14.30, via ai giochi con il gruppo scout Agesci Garbagnate1, alle letture a cura della biblioteca, alla mostra fotografica di **Bruno Zanzottera** e al laboratorio creativo. Alle 17, «Facciamo la differenza», spettacolo teatrale a cura di Erbamil.

© RIPRODUZIONE RISERVATA

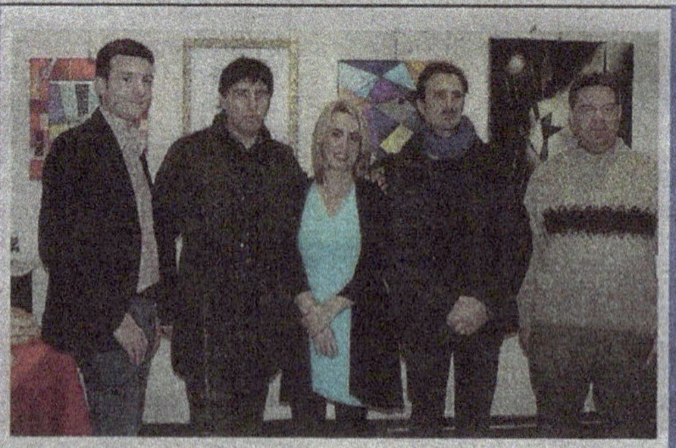

«Sinergie Creative» per amore dell'arte

RHO (grx) «Sinergie Creative» è un progetto di **Diego Racconi** che nasce con l'intento di realizzare opere integrando sulla stessa tela stili e tecniche differenti, tramite la realizzazione di opere in compartecipazione artistica. Artisti già affermati e nuovi emergenti del mondo dell'arte si fondono a dar vita ad un'unica opera. In contemporanea, sempre presso la galleria d'arte Quadrifoglio (di **Matteo Olivares**), la mostra «ParallelaMENTE» con la collaborazione tra le Galleria d'arte Passepartout e Oldrado da Ponte.

MOSTRA PERSONALE DA SABATO
'DIEGO RACCONI & FRIENDS'.

GARBAGNATE – Da sabato 5 aprile al 19 aprile alla galleria d'Arte ' La Saletta' di via Ugo Foscolo 16, si terrà l'esposizione pittorica dell'Artista Diego Racconi; la mostra, dal titolo "Energy", proporrà le nuove opere della serie geometrie astratte. Parallelamente continua l'esposizione collettiva itinerante "Sinergie creative artistiche", con opere realizzate a quattro mani dall'artista e altri colleghi.

Esporranno: Diego Racconi, Gianpietro Arzuffi, Gabriele Poli, Angelo Ariti, Sarhtori, Milo, Fabio Cuman, Renzo Gorini, Elio Roberti, Ernesto Colombo, Maxtin, Viviana Catania, Emanuela Rodegher, Mario Mollica, Agostino Povesi, Alessandra Gibellini, Italo Mazzei e Alessandro Martini. L'inaugurazione si terrà sabato 5 Aprile alle ore 17.

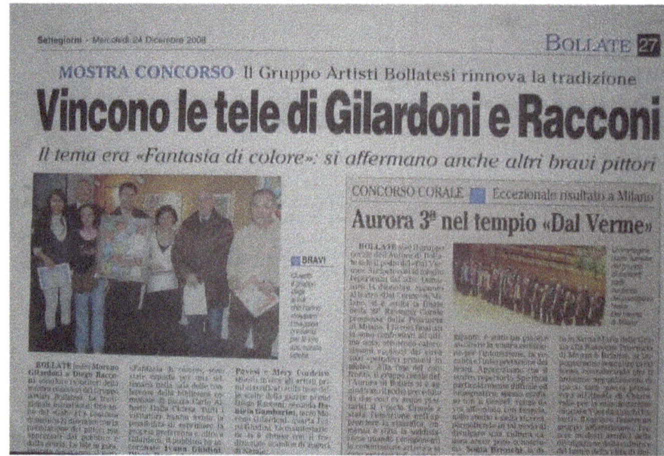

Settegiorni - Mercoledì 24 Dicembre 2008 — BOLLATE 27

MOSTRA CONCORSO Il Gruppo Artisti Bollatesi rinnova la tradizione

Vincono le tele di Gilardoni e Racconi

Il tema era «Fantasia di colore»: si affermano anche altri bravi pittori

CONCORSO CORALE Eccezionale risultato a Milano

Aurora 3ª nel tempio «Dal Verme»

il notiziario

1 novembre 2013 - Numero 40, anno XIV - **Prezzo euro 1,20**

Arte, mostra "Sinergie Creative" allo spazio Milo

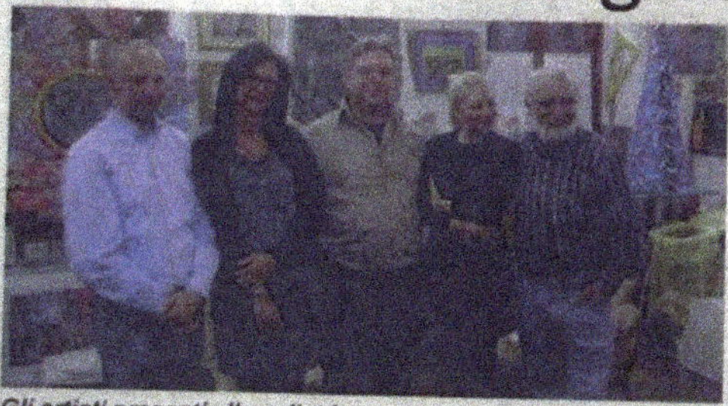

Gli artisti presenti alla collettiva

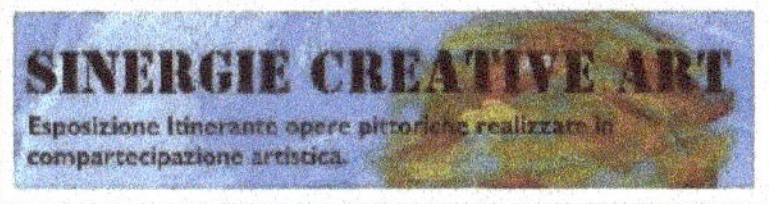

http://sinergiecreative.jimdo.com

CASSINA AMATA – Inaugurata sabato 26 ottobre, presso lo spazio espositivo dell'artista Milo a Cassina Amata, la mostra collettiva di pittura "Sinergie Creative". In esposizione fino al prossimo 9 novembre.

L'iniziativa, promossa dal pittore Diego Racconi in collaborazione con Milo Lombardo e con il patrocinio della Provincia di Milano, presenta le opere di oltre venti artisti. I quadri, tutti della medesima dimensione 60x60, sono il frutto di una collaborazione, una sinergia con il curatore Racconi. Colori, forme ed espressioni s'intersecano sulle tele generando paesaggi solcati da configurazioni geometriche o figure plastiche nuove. Espongono gli artisti: Angelo Ariti, Gianpietro Arzuffi, Paolo Avanzi, Graziella Baggini, Massimo Basile, Viviana Catania, Ernesto Colombo, Claudio Costa, Fabio Cuman, Paolo Fabbro, Luca Faraci, Ivana Ghidini, Alessandra Gibillini, Marco Gilardoni, Renzo Gorini, Gianni Incontri, Italo Mazzei, Alessandro Martini, Mario Mollica, Gabriele Poli, Agostino Pavesi, Elio Roberti, Emanuela Rodegher.

Enrico Englaro

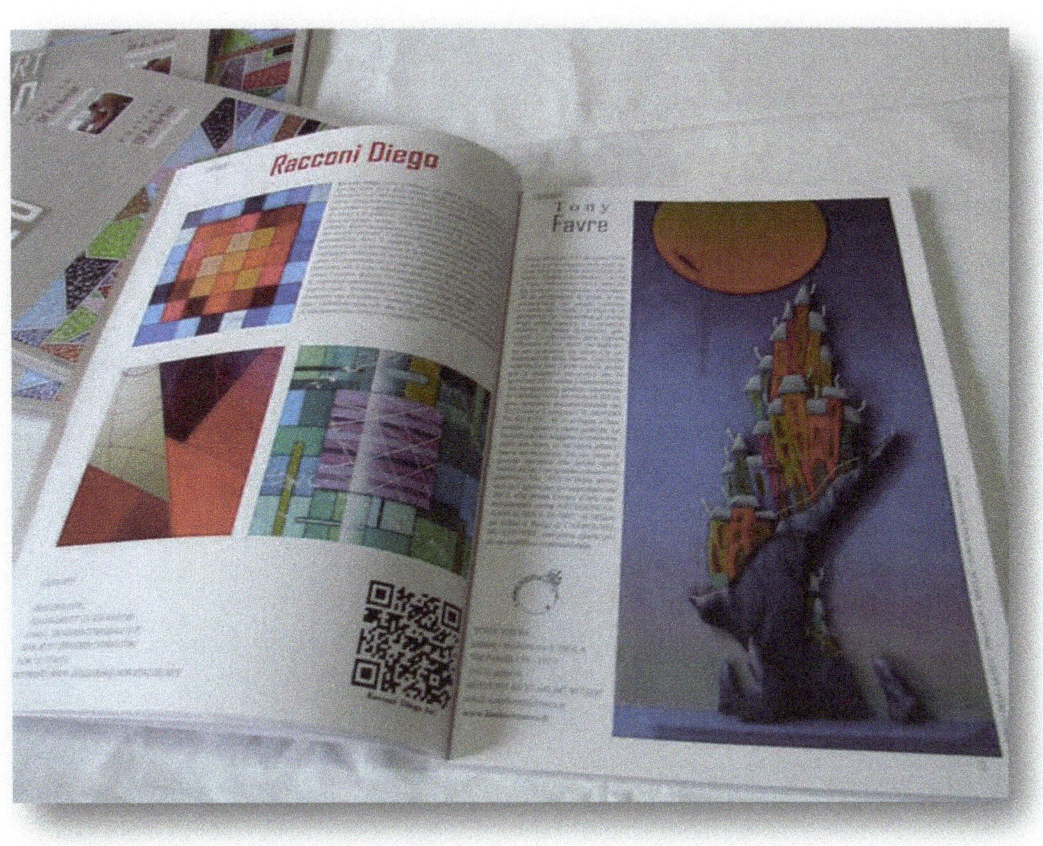

TRA
MUSICA
E ARTE

15- 16 Marzo 2014

INAUGURAZIONE
15 Marzo - ore 17

Il tempio del suono

Via San Gottardo, 91 - Monza
www.iltempiodelsuono.it

Orari
dalle 10 alle 12.30 - dalle 16 alle 19

Partner

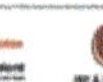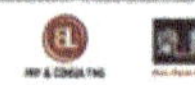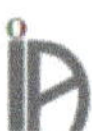

www.italianartists.jimdo.com

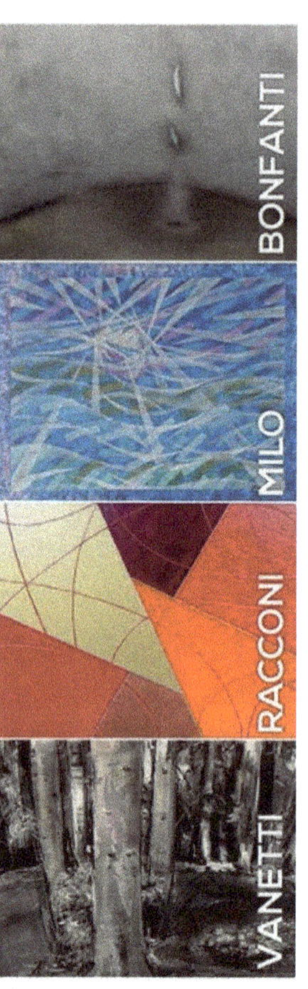

MILLE MIGLIA DI SUONO, COLORE, ATMOSFERA, DINAMISMO

5 ARTISTI A CONFRONTO NEL TEMPIO STORICO DELLA VELOCITÀ

DAL **15** AL **25** MAGGIO 2014

INAUGURAZIONE
15 MAGGIO TUTTO IL GIORNO

GALLERIA ARTE CAPITAL
Viale Venezia, 90 - Brescia - Italia

Gallerista
Vera Moudra

Curatore
Valerio Lombardo

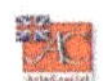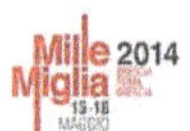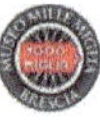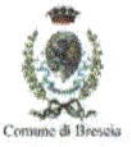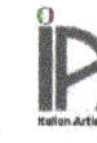

www.artecapital.it   www.arteinterni.it
www.artemoderna.com   www.italianartists.jimdo.com

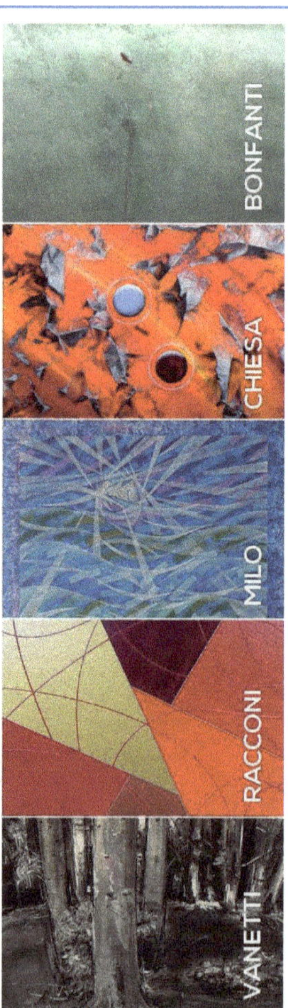

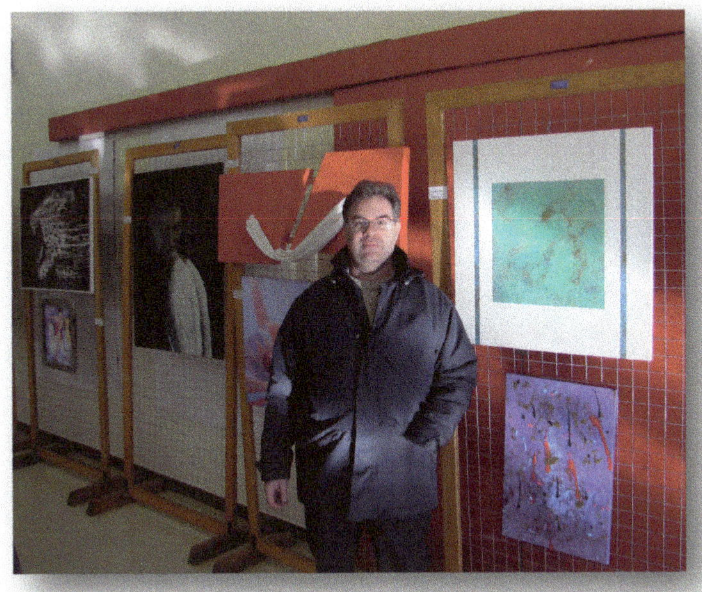

Biennale di Pero (Mi)

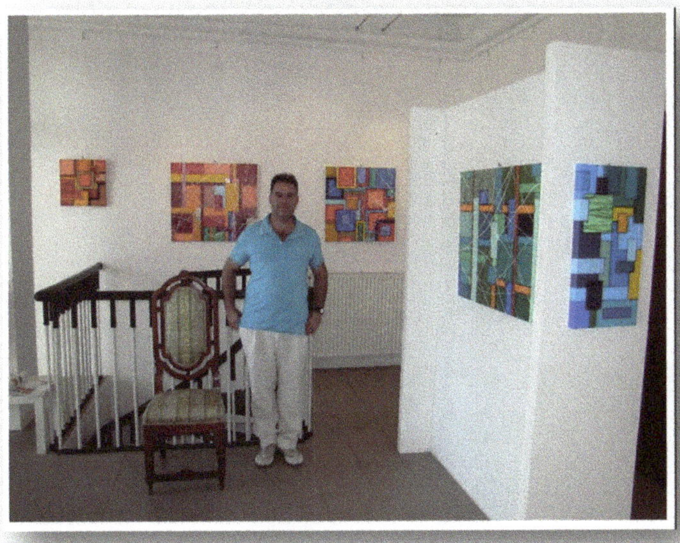

Galleria 'La Saletta' - Garbagnate Milanese

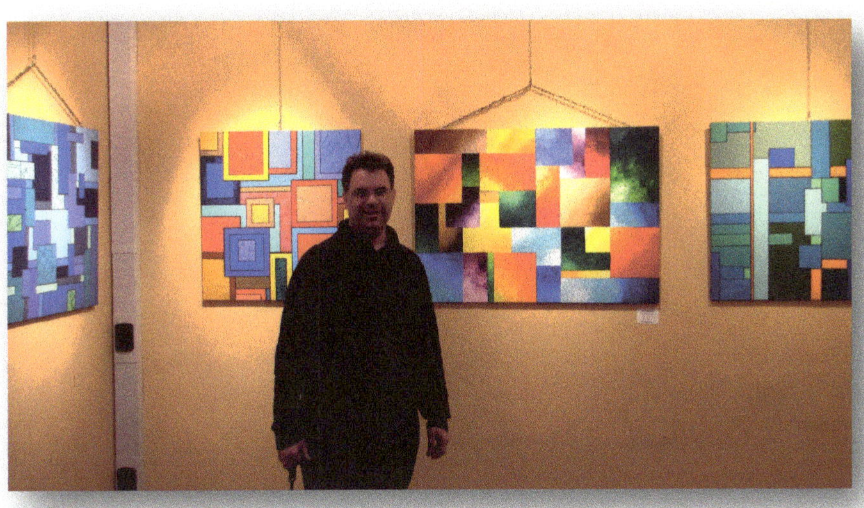

Galleria 'Quadrifoglio' - Rho (Mi)

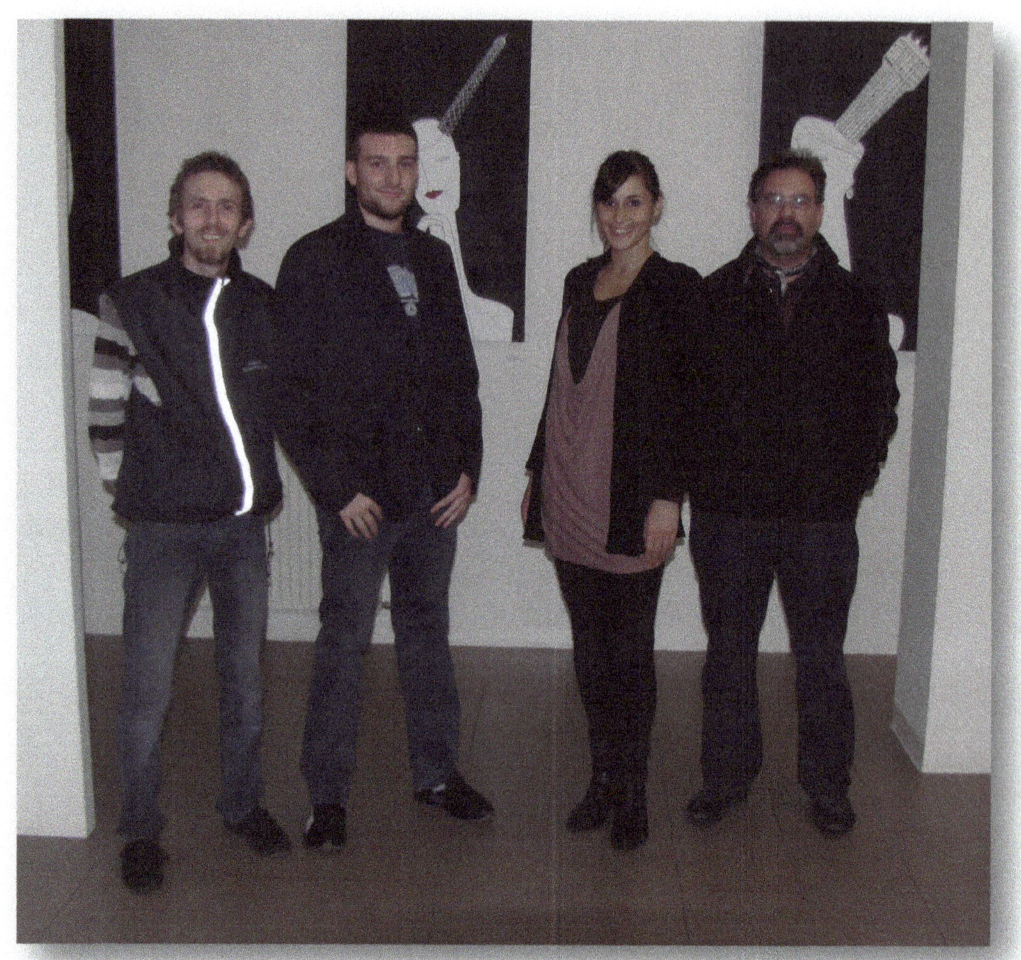

Arzuffi Gian Pietro , Olivares Matteo, Passaro Ileana, Racconi Diego

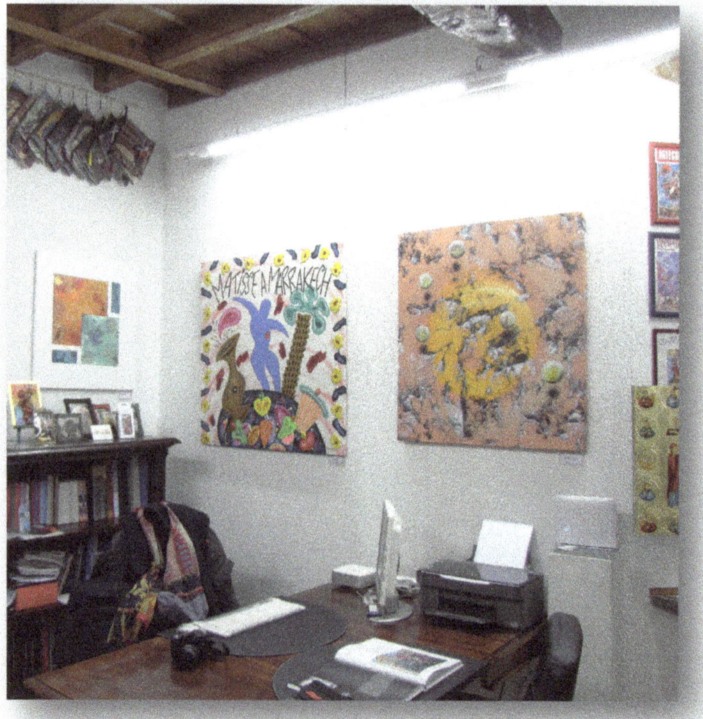

Showroom arte MILO - Paderno Dugnano (Mi)

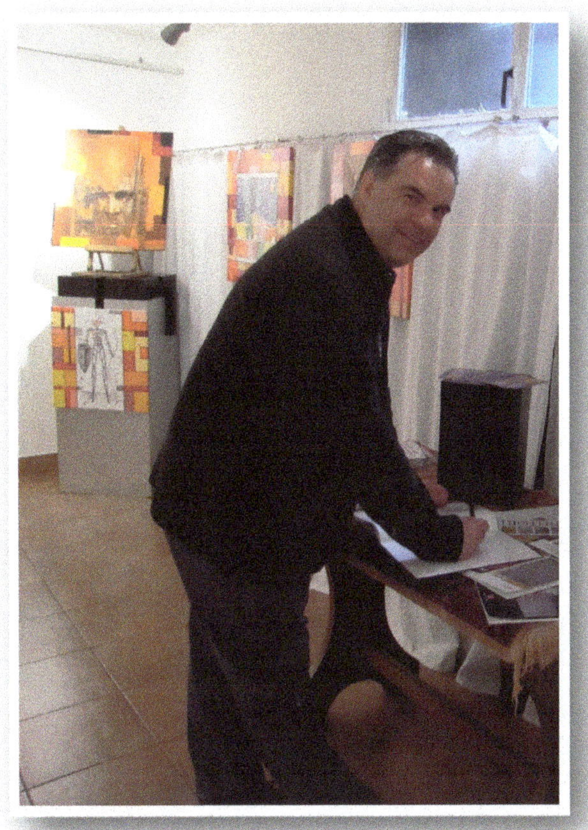

Galleria 'La Saletta' di Ileana Passaro - Garbagnate Milanese (Mi)

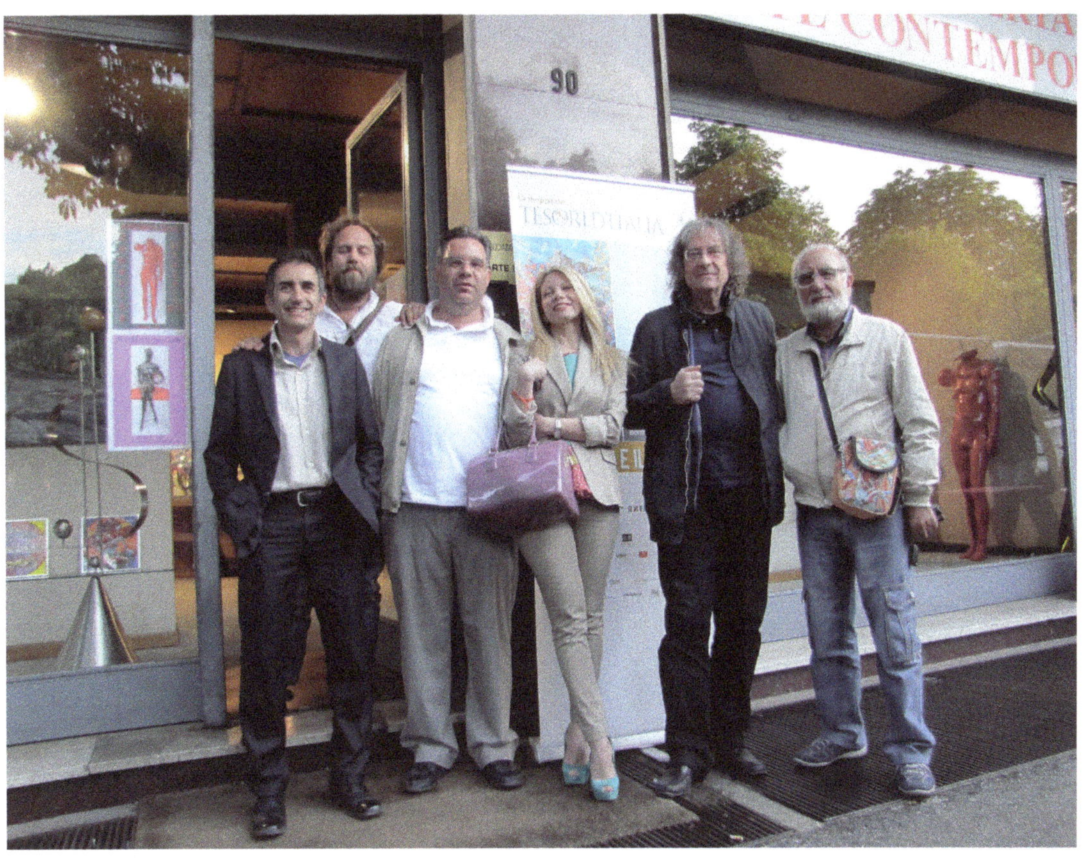

Il gruppo ITALIAN ARTIST presso Galleria 'Arte Capital' - Brescia (Bs)

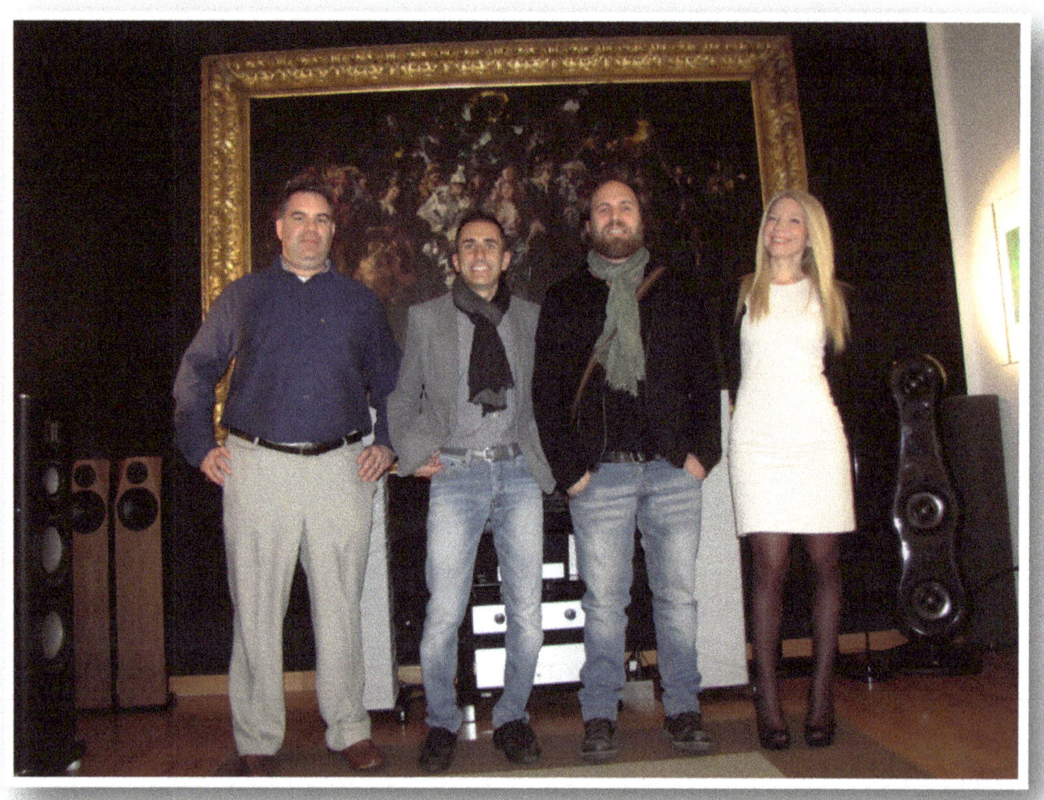

Il gruppo ITALIAN ARTIST presso 'Il tempio del suono ' - Monza (Mb)

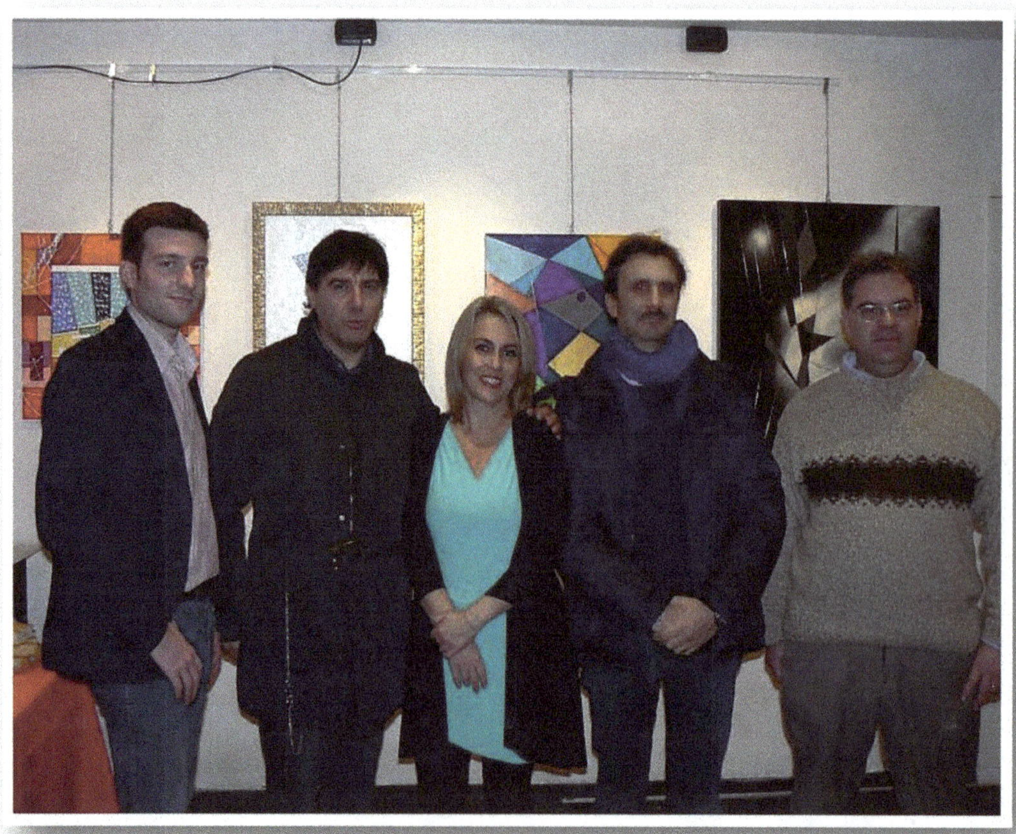

Con (da sinistra): Matteo Olivares, il critico Giorgio Grasso, Elena Ferrari , il direttore della rivista *Hestetika* presso 'Galleria 'Quadrifoglio' - Rho (Mi)

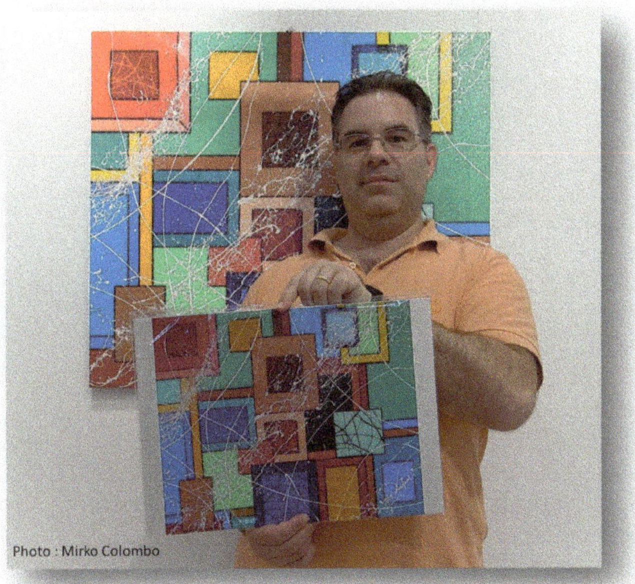

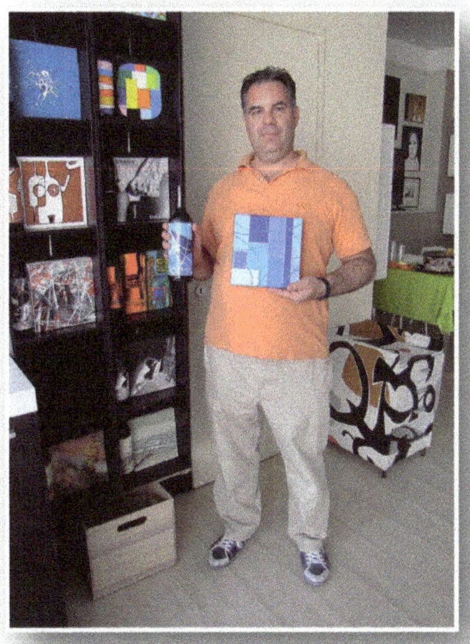

' Weart Gallery - Uboldo (Va)

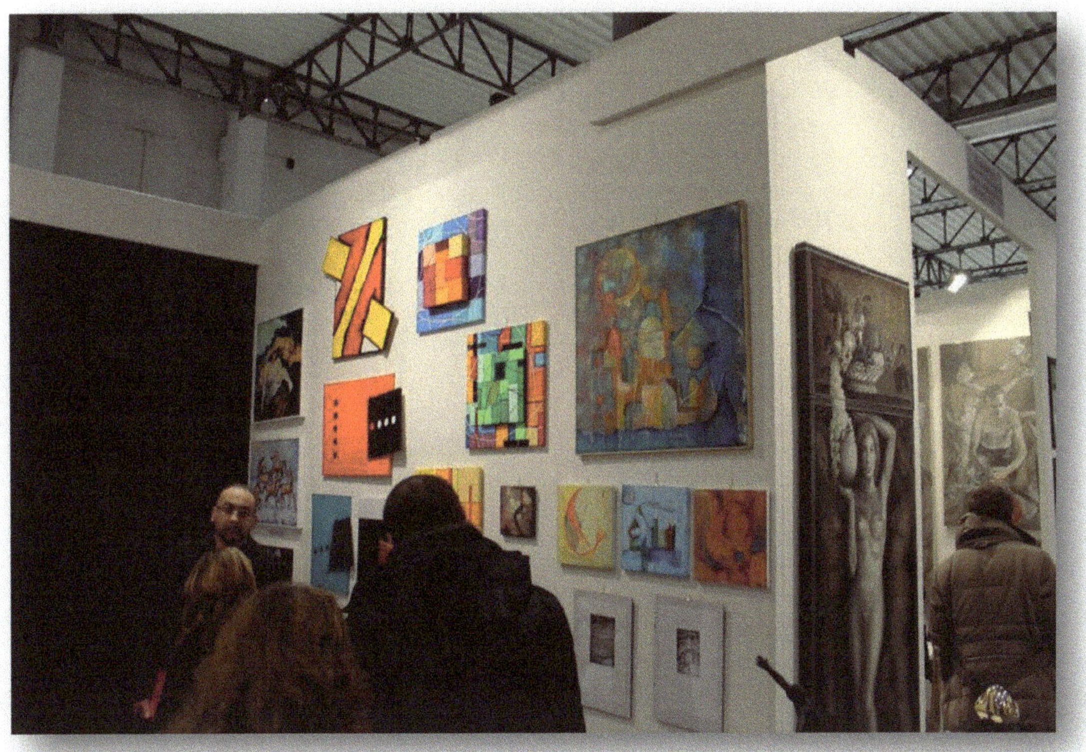

Cremona Fiere

Biografia

2014

- Dal 8 al 19 luglio - ESTARTE - Collettiva presso Spazio Intelvi 11 - Dizzasco (Co)
- Dal 14 al 29 giugno - Rock in Art [Brianza festival] - Residenza S. Pietro - Monza (Mb)
- Dal 31 Maggio al 6 giugno - 'ART WORLD PUZZLE' - Weart Gallery- Uboldo (Va)
- Dal 24 Maggio al 7 giugno - Spazio Intelvi 11 - Dizzasco (Co)
- Dal 15 al 25 Maggio - '1000 Miglia' - Galleria ArteCapital - Brescia
- Dal 10 al 25 Maggio - Collettiva MICRO2 presso cascina Roma - S.Donato Milanese (Mi)
- Soffitto d'autore presso Studio d'arte Milo - Paderno Dugnano - (Mi)
- 12 e 13 Aprile - *PAVIA ART* - FIERA ARTE CONTEMPORANEA - Pavia
- Dal 5 al 19 Aprile - Personale Galleria d'arte 'La Saletta' - Garbagnate Milanese - (Mi)
- Dal 28 Marzo al Aprile - 'La macchina del tempo' - Collettiva - Galleria Oldrado da Ponte - Lodi
- 15 e 16 Marzo - 'Tra arte e musica' - Il tempio del suono - Monza (Mb)
- Dal 21 al 23 Febbraio - MICRO2 - Collettiva palazzo Isimbardi - Milano
- Dal 1 al 16 Febbraio - Collettiva 'Sinergie creative' - Galleria Quadrifoglio - Rho (Mi)
- Dal 19 Gennaio al 2 Febbraio - Collettiva Villa Vertua Masolo - Nova Milanese - (Mb)
- Dal 18 Gennaio al 1 Febbraio - Collettiva 'Sinergie creative' - biblioteca Baggio - Milano
- 25 Gennaio- Opera in permanenza presso 'Oasi degli artisti'- sala Trastevere - Roma

2013

- Dal 15.12.2013 - MICRO2 - Collettiva Galleria Circuiti Dinamici - Milano
- Dal 27 al 29 Dicembre - Collettiva presso castello Orsini - S.Angelo Romano - (RM)
- Dal 14 Dicembre al 7 Gennaio - Collettiva di Natale 30x30 - Galleria Oldrado da Ponte - Lodi
- Dal 8 al 14 Dicembre - VI Biennale di Pero - Collettiva 'Energia per la cultura' - Pero - MI
- Dal 15 al 18 novembre - ARTE PADOVA - Mostra mercato arte moderna e Contemporanea - Padova
- Ottobre 2013 - Esposizione collettiva Showroom arte MILO - Paderno Dugnano - (Mi)
- Dal 23 al 27 ottobre - BRERART - Contemporary Art Week - 'Contamination' - Milano
- Dal 10 al 14 Ottobre - ART VERONA - ART PROJECT FAIR - MyHomegallery - Verona
- Ottobre 2013 - Esposizione collettiva Galleria Weart - Uboldo - (Va)
- Ottobre 2013 - Esposizione collettiva progetto ' La Macchina del tempo' Galleria Quadrifoglio - Rho - Mi
- Settembre 2013 - Esposizione personale ristorante 'BEN' - Senago - (Mi)
- dal 12 Agosto esposizione collettiva 'Sinergie Creative Art' presso Hotel King Marte - Lido di Classe (Ravenna)
- dal 3 al 18 Agosto ospite presso l'esposizione personale dell'artista AMA presso galleria Lake Art- Dongo (Como) con un' opera realizzata in compartecipazione.
- dal 26 luglio al 20 Settembre ospite presso l'esposizione personale artista Basile (Maxtin) presso Finter Bank di Lugano, con opere realizzate in compartecipazione artistica.
- dal 6 al 27 Luglio esposizione collettiva 20x20=120 presso galleria WeArt di Uboldo(Va)
- dal 7 al 21 Luglio esposizione collettiva 'Sinergie Creative Art' presso Galleria Intelvi 11 - Dizzasco (Co)
- dal 1 al 30 Giugno esposizione collettiva 'Sinergie Creative Art' presso Ristorante La Brughiera - Senago (Mi)
- dal 6 Giugno concorso 'Paint your Discobolo' con esposizione collettiva presso Sheraton Hotel Malpensa - DialogaArte (Va)
- dal 1 al 15 Giugno   - Esposizione collettiva 'Micro VS Macro' presso galleria WeArt Gallery - Uboldo (Va)
- dal 1 al 30 Maggio - Esposizione personale presso Ristorante 'Il Cavaliere' - Mythos Hotel - Paderno Dugnano (Mi)
- dal 13 al 27 Aprile - Esposizione collettiva 'L'Inizio' presso galleria WeArt Gallery - Uboldo (Va)
- Marzo - Esposizione personale presso Hotel Litta Palace - via Lepetit, 1 - Lainate (Mi)
- dal 9 al 11 Febbraio presente presso ARTECREMONA FIERA D'ARTE MODERNA E CONTEMPORANEA - Cremona

2012

- dal 10 Novembre al 26 Dicembre esposizione personale presso hotel-ristorante ' Il Cavaliere ' - Paderno Dugnano (Mi)
- dal 25 Settembre al 20 Ottobre - mini personale presso ristorante ' Garibaldi Undici' a Senago
- dal 18 al 30 Settembre - Collettiva presso palazzo Isimbardi - Corso Monforte 35 - Milano
-dal 21 Luglio al 30 Agosto - Finalista premio CROMICA. - Esposizione collettiva presso il Salone Comunale di Bibbiena (Ar)
- dal 7 al 21 Luglio - Esposizione collettiva presso galleria 'La Saletta' di Garbagnate Milanese
 - dal 12 al 19 Luglio - Esposizione collettiva 50x50x L'Emilia presso galleria 'Quadrifoglio' di Rho (Mi)
- dal 17 al 30 Giugno - Esposizione 421Art presso galleria 'Quadrifoglio' di Rho (Mi)
- Maggio - Giugno - Ospedale San Carlo Borromeo - Mi - Collettiva Micro2
- dal 8 al 12 Maggio - Dialoga arte – Finalista 'Concorso 'Poliblend' - Esposizione presso ' Plast 2012' FIERA RHO MILANO (Mi)
- dal 3 al 12 Maggio - SQUARESPACE 50/500 - Galleria Sabrina Falzone - Mi
-17 Marzo - MICRO2 - Collettiva - Auditorium PIME - Via Mosè Bianchi 94 - Milano
- Pubblicazione sulla rivista *Art Magazine Euroarte*.
- Sky television ch 825 - Presente nella trasmissione *Milano arte e quotazioni*.
- dal 25 Febbraio al 11 Marzo – Personale presso Galleria Quadrifoglio – Via Dante 9 - Rho
- dal 1 al 20 Febbraio – Esposizione personale presso il ristorante 'Ponte Vecchio ' – Via Mascagni 3 - Senago
- dal 28 Gennaio al 12 febbraio - Dialogaarte – 'Nati con Arte' - Asta di beneficenza e collettiva presso Sheraton Airport Hotel Malpensa (Va)
- dal 15 Gennaio al 28 Gennaio -> Collettiva Premio Epifania - Galleria Arte Eustachi - Milano - premiato con coppa e targa
- dal 14 Gennaio al 10 Febbraio -> collettiva Micro2 - 400 artisti x miniquadro - Galleria l'Acanto - Milano

2011

- dal 8 Dicembre al 30 Dicembre -> Collettiva miniquadro Galleria Arte Eustachi Milano
- 3 e 4 Dicembre - Collettiva Dipingerho presso Teatro Auditorium - via Meda- Rho (Mi)
- dal 19 Novembre al 3 Dicembre - Collettiva Galleria Arte Eustachi - Via Eustachi 33 - Milano
- dal 19 al 27 Novembre - Biennale *Arte e creatività* Pero - Spazio Turati - Via Turati 21 - Pero (Mi)
- dal14 al 19 Novembre - MICRO2 - Circuiti dinamici Spazio2 - Collettiva internazionale arte itinerante
- dal 8 al 16 Ottobre - Collettiva palazzo Arese Borromeo - Cesano Maderno - (Mi)
- dal 8 al 22 Ottobre - Galleria Arte BaRocco - Esposizione collettiva - Milano
- 29 Maggio 2011 - 32° Edizione Gruppo Artisti Bollatesi - 'Cantun Sciatin' a Bollate (Mi).
- dal 30 Aprile / 23 Maggio 2011 - Collettiva Fondazione Mantovani - via Padova 36 - Milano
- dal 9 / 18 Aprile 2011 - Collettiva presso Villa Burba - Rho (Mi)
- dal 7 /18 Aprile 2011 - Premio BaRocco - Collettiva Cascina Monastero - Milano
- 20 Marzo 2011 - Sensibili alle arti - esposizione collettiva- via Sapri 77 - Milano

2010

- Dicembre 2010 - Collettiva Dipingerho - Teatro Auditorium - Rho (Mi)
- Dicembre 2010 - Collettiva biblioteca Bollate (Mi)
- Settembre 2010 - 19° Premio pittura - Mostra palazzo Arese Borromeo - Cesano Maderno (Mb)
- Maggio 2010 - 29° edizione mostra concorso arte Cantun Sciatin - Bollate (Mi)
- Maggio 2010 Collettiva certosa Garegnano - Mi
- Aprile 2010 - 'Una settimana tra le groane' esposizione collettiva - Villa Arconati - Bollate
- Marzo 2010 - Concorso 'Il Mare' - Al77 - Milano - 5° premio

2009

- Dicembre 2009 - Collettiva biblioteca Bollate (Mi)
- Settembre 2009 - Collettiva concorso Villa Litta di Lainate (Mi)
- Aprile 2009 - Collettiva Certosa di Garegnano - (Mi)
- Aprile 2009 - 'Una settimana tra le Groane' esposizione collettiva - Villa Arconati - Bollate (Mi)

SI DESIDERA RINGRAZIARE:

GALLERIA QUADRIFOGLIO – Via Dante 9 – Rho – MI
SHOWROOM ARTE MILO – Via Reali 82 – Paderno Dugnano – MI
GALLERIA LA SALETTA – Via U.Foscolo 16 – Garbagnate Milanese - MI
ASSOCIAZIONE ARTE BA-ROCCO – Via Cascina Barocco 10 – MI
ASSOCIAZIONE CULTURALE ARTE E CREATIVITA' – Pero (Mi)
ASSOCIAZIONE ARTISTI LODIGIANI – Lodi
PASSEPARTOUT UNCONVENTIONAL GALLERY
GALLERIA OLDRADO DA PONTE - Via Oldrado da Ponte, 9 - Lodi
WEARTGALLERY – Via IV Novembre 152 - Uboldo (Va)
SPAZIO INTELVI 11 – Via Valle Intelvi 11 – Dizzasco – CO
RISTORANTE IL CAVALIERE – Paderno Dugnano – MI
RISTORANTE LA BRUGHIERA – Senago – MI
RISTORANTE BOHEME – Bollate - MI
RISTORANTE DaBEN – Senago – MI
ART FACTORY CAFE' –Milano
HOTEL LITTA PALACE – Lainate - MI
HOTEL KING MARTE – Lido di Classe – RA
ARTCAFE' – Cassano Magnago (Va)
PELLEGRINELLI ARREDA – Showroom di Cesate (Mi)
LA DELIZIA SHOWROOM HYDROGARBEN – Caronno Pertusella (Va)
Dott. Antonio Bechelli - Responsabile Biblioteca Pubblica Baggio - MI
Dotto Giulio Giornalista
Paolo Piergiovanni Critico d'arte
ALESSANDRO MANTOVANI ART DEALER
STRADEDARTS arte contemporanea – Milano
DIALOGAARTE – Gallarate (Va)
GALLERIA STRASBURGO Fondazione Rodolfo Viola – Milano (Mi)

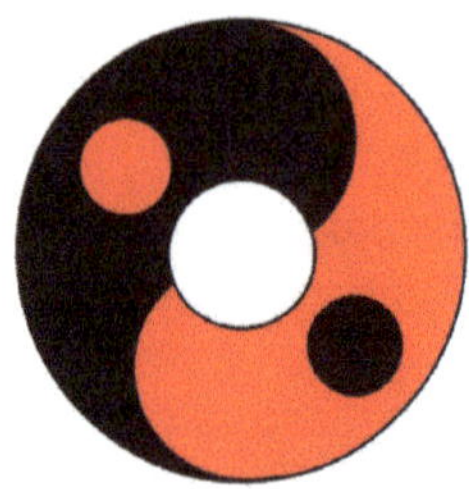

Progetto SINERGIE CREATIVE ARTISTICHE :
http://sinergiecreative.jimdo.com

Progetto ITALIAN ARTIST :
http://italianartists.jimdo.com

LOCATION

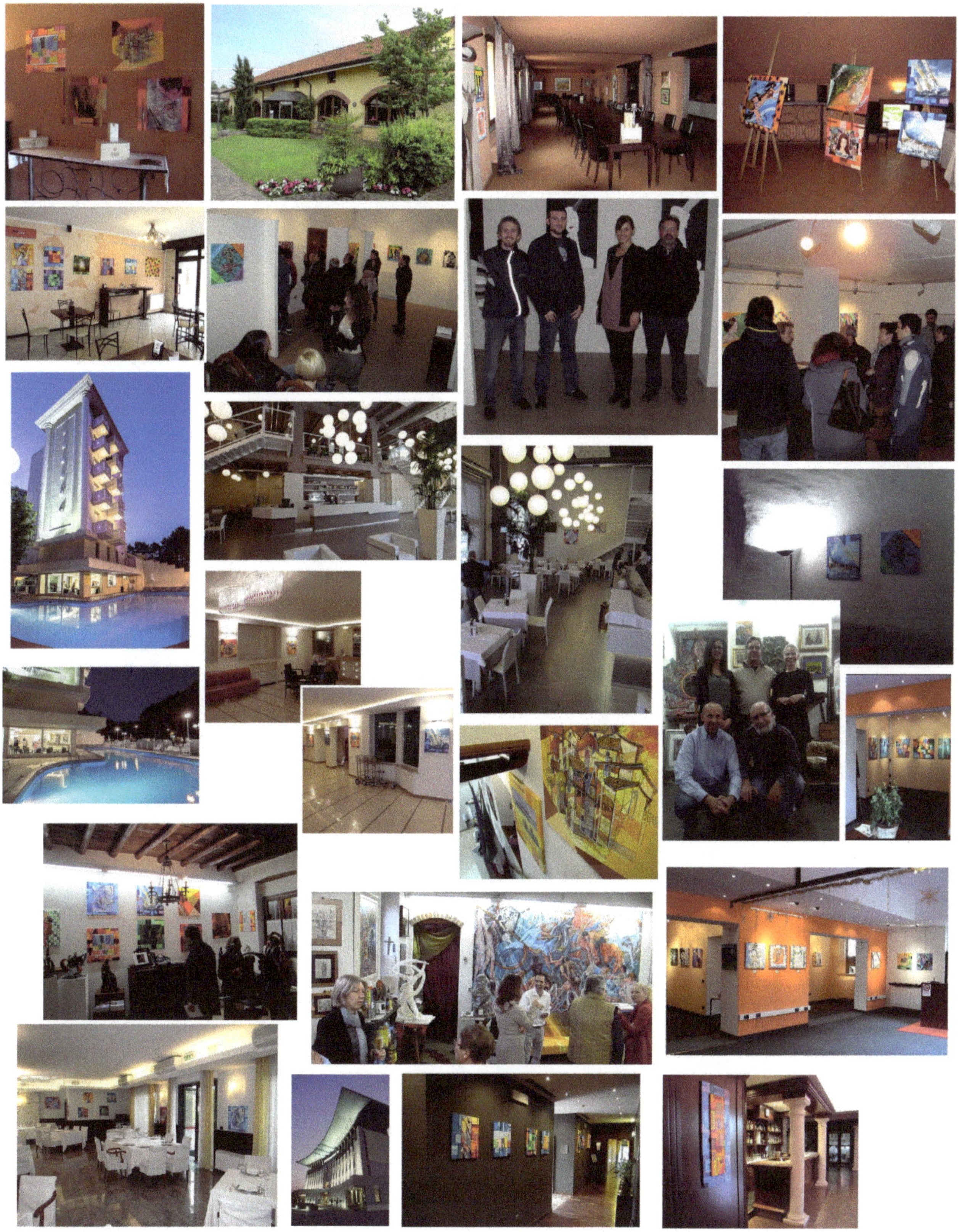

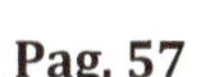

Titolo | Geometrie Astratte
Autore | Diego Racconi
Immagine di copertina | Ad opera dell'autore
ISBN | 978-88-91151-06-3

Youcanprint Self-Publishing
Via Roma, 73 - 73039 Tricase (LE) - Italy
www.youcanprint.it
info@youcanprint.it
Facebook: facebook.com/youcanprint.it
Twitter: twitter.com/youcanprintit